GROW SERIES

INVIERTE TU VIDA EN

UNOS POCOS

UNA GUÍA PRÁCTICA PARA HACER DISCÍPULOS

GROW ✦ SERIES

INVIERTE TU VIDA EN

UNOS POCOS

UNA GUÍA PRÁCTICA PARA HACER DISCÍPULOS

Editado por **discipleFIRST**
5405 Pleasant Run, Colleyville, TX 76034

IMPRESO EN LOS ESTADOS UNIDOS DE AMÉRICA
Diseño y formato del libro: Kim Slater

Primera edición

DEDICATORIA

Al equipo de pastores de First Colleyville, que siguen a Dios sin descanso y me animan a hacer lo mismo.

ÍNDICE

iii

CÓMO UTILIZAR ESTE LIBRO

1

SEMANA UNO: ¿QUÉ ES UN DISCÍPULO?

27

SEMANA DOS: HACER DISCÍPULOS COMO JESÚS

53

SEMANA TRES: EL LLAMADO A SEGUIR

83

SEMANA CUATRO: DESARROLLO COMPETENCIAS BÁSICAS

111

SEMANA CINCO: DESARROLLO DE UN CARÁCTER A SEMEJANZA DE CRISTO

141

SEMANA SEIS: EL COSTO DE HACER DISCÍPULOS

173

SEMANA SIETE: HACER DISCÍPULOS PARA TODA LA VIDA

APÉNDICES

II
MEMORIZAR LAS ESCRITURAS

V
INSTRUCCIONES PARA QUE UNO S.I.E.N.T.A. LA VOZ DE DIOS

VII
INSTRUCCIONES PARA O.R.A.R.

IX
LA BIBLIA EN UN AÑO: PLAN DE LECTURA DIARIO DE LA BIBLIA

XXIII
PREGUNTAS DE CARÁCTER

XXIV
LISTA DE 40 VERSÍCULOS EXCEPCIONALES PARA MEMORIZAR

CÓMO UTILIZAR ESTE LIBRO

Todo largo viaje comienza con un primer paso y en estos momentos te dispones a dar un paso muy importante para invertir tu vida en los demás y hacer discípulos para toda la vida. Nada de lo que leas en este libro será una novedad. De hecho, solo me limitaré a transmitirte lecciones que me han enseñado hombres y mujeres de Dios que han invertido en mi vida a lo largo de los años y que seguramente aprendieron de otros que les precedieron. De modo que te encuentras al final de una hilera de seguidores de Dios que, de generación en generación, han buscado conocer a Dios y caminar con Él. Antes de que empieces a leer este libro, quiero destacar primero algunas características que te ayudarán a sacar el máximo partido a tu experiencia.

Este libro se compone de siete capítulos, y en cada uno de ellos se explica un tema fundamental para aprender a invertir tu vida en unos pocos que harán a su vez lo mismo. A lo largo de los años, yo he hecho personalmente cientos de discípulos. Una de las mayores alegrías de mi vida es ver cómo Dios ha trabajado en sus vidas y les ha utilizado para invertir en los demás. Creo firmemente que cuando empezamos a invertir nuestra vida en los demás, nuestro propio caminar con Jesús se hace cada vez más profundo. Recuerda que, al igual que en los libros anteriores, estos capítulos siguen un orden lógico, de manera que cada semana sirve de base para la siguiente, desvelando cosas prácticas que puedes hacer para invertir en unos pocos. Te recomiendo que te centres en un capítulo cada semana y vayas poniendo en práctica lo aprendido en cada uno.

Verás que cada capítulo está dividido en siete lecturas diarias. Estas lecturas no son largas y solo te llevarán unos minutos cada día. Al final de cada lectura se incluyen varias preguntas para reflexionar bajo el encabezado «TIEMPO PARA REFLEXIONAR». Dedica un momento a responder por escrito estas preguntas. Cuanto más tiempo dediques a pensar en lo que acabas de leer y a plasmar tus reflexiones por escrito, más provecho sacarás de cada lectura. También verás al término de cada lectura diaria una sección denominada «Tiempo para Práctica», donde encontrarás una actividad práctica para ese día que te ayudará equipar algunos otros. Asimismo, te animamos a que tengas tu propio diario personal para anotar lo que Dios te enseña en el tiempo que pasas a diario en Su Palabra.

Cada capítulo incluye un versículo para memorizar en la primera página de capitulo. A lo largo de los siglos, los seguidores de Dios han memorizado las Escrituras porque les ayudan a caminar con Dios. Te animo a que memorices el versículo de la semana. En el apéndice de este libro encontrarás una guía para memorizar las Sagradas Escrituras de una manera muy efectiva. Los versículos están diseñados específicamente para inspirarte y animarte a hacer discípulos como hacía Jesús.

Por último, deseo animarte a iniciar este camino acompañado de alguien. Siempre aprendemos mejor rodeados de un grupo de personas que persigue el mismo objetivo. Para conseguir mejores resultados, te recomiendo que te reúnas con un grupo de entre dos y cuatro personas para hablar de lo aprendido cada semana y de cómo lo estás llevando a la práctica. Es mejor trabajar en grupo, pues se aprende de las perspectivas de los demás. Podéis orar los unos por los otros. Juntos, pueden tomar la responsabilidad a leer la palabra de Dios y a memorizar los pas¬ajes. Y lo más importante de todo, podéis animaros entre vosotros a seguir a Dios y a invertir en los demás, especialmente en tiempos difíciles. Al final de cada capítulo hay espacio donde plasmar reflexiones sobre tu experiencia en el grupo, incluyendo una acción que vayas a poner en práctica de lo que hayáis aprendido juntos.

Las siete próximas semanas de tu vida van a ser asombroso. Este libro se ha escrito con el fin de prepararte para invertir tu vida otros. Al término de este camino, podrás observar cómo viertes tu vida en los demás y cómo se sirve Dios de ti para cambiar sus vidas para siempre. ¡No hay nada más satisfactorio en la vida! En **Mateo 28,20**, Jesús nos ofrece una maravillosa promesa a la que quiero que recuerdas mientras das el siguiente paso. Mientras mandaba a sus discípulos por todo el mundo para hacer nuevos discípulos, Jesús proclamó: «*...y he aquí, yo estoy con vosotros todos los días, hasta el fin del mundo*». Sé que cuando hagas discípulos e inviertas tu vida experimentarás la presencia y el poder de Jesús como nunca antes.

¡Comenzamos!

Craig

TRADUCCIONES DE LA BIBLIA

Reina Valera Revisión 1960 - RVR 1960

VERSÍCULOS SEMANALES PARA MEMORIZAR

SEMANA **UNO**

«Y Jesús se acercó y les habló diciendo: Toda potestad me es dada en el cielo y en la tierra. Por tanto, id, y haced discípulos a todas las naciones, bautizándolos en el nombre del Padre, y del Hijo, y del Espíritu Santo; enseñándoles que guarden todas las cosas que os he mandado; y he aquí yo estoy con vosotros todos los días, hasta el fin del mundo. Amén» **(MATEO 28,18-20)**.

SEMANA **DOS**

«El que dice que permanece en él, debe andar como él anduvo»
(1 JUAN 2,6).

SEMANA **TRES**

«Lo que has oído de mí ante muchos testigos, esto encarga a hombres fieles que sean idóneos para enseñar también a otros» **(2 TIMOTEO 2,2)**.

SEMANA **CUATRO**

«El discípulo no es superior a su maestro; mas todo el que fuere perfeccionado, será como su maestro» **(LUCAS 6,40)**.

SEMANA **CINCO**

«Un mandamiento nuevo os doy: Que os améis unos a otros; como yo os he amado, que también os améis unos a otros. En esto conocerán todos que sois mis discípulos, si tuviereis amor los unos con los otros» **(JUAN 13,34-35)**.

SEMANA **SEIS**

«Así, pues, cualquiera de vosotros que no renuncia a todo lo que posee no puede ser mi discípulo»
(LUCAS 14,33).

SEMANA **SIETE**

«Me es necesario hacer las obras del que me envió, entre tanto que el día dura; la noche viene, cuando nadie puede trabajar» **(JUAN 9,4)**.

COMPROMISO «VOY A»

Todo aquello que merece la pena exige un compromiso, y lo mismo puede decirse de tu caminar con Dios. Jesús nunca rehuyó de pedir a las personas un compromiso. Cuando convocaba a hombres y mujeres, les decía: «seguidme». Unas palabras que significan literalmente: «seguid mis pasos. Caminad como yo camino». Se trataba de un compromiso para hacer algo. Creo firmemente que no se puede caminar profundamente con Dios hasta que uno se compromete a seguirlo plenamente. A lo largo de las siete próximas semanas, tendrás el desafío de llevar a la práctica lo que estás aprendiendo. Cada semana deberás escribir una frase de acción del tipo «Voy a» que constituya el compromiso de realizar alguna acción que has aprendido esa semana. Ahora que vas a iniciar esta andadura, es el mejor momento para hacer tu primer compromiso «Voy a». Se trata de comprometerse a realizar este camino, a iniciar la andadura y ver qué te tiene preparado Dios. Dedica un momento a reflexionar sobre los compromisos siguientes. Si estás dispuesto a asumir el desafío, ¡marca las casillas y empezamos!

☐ Voy a leer cada día con el corazón abierto y dispuesto a escuchar a Dios.

☐ Voy a reclutar a alguien para que ore conmigo y por mí a lo largo de esta andadura.

☐ Voy a reunirme con mi grupo para crecer juntos.

☐ Voy a hacer lo que se me asigne, sabiendo que ello me ayudará a conocer mejor a Dios.

¿QUÉ ES UN DISCÍPULO?

SEMANA UNO ◀

▶ **VERSÍCULO PARA MEMORIZAR**

«Y Jesús se acercó y les habló diciendo:
Toda potestad me es dada en el cielo y en
la tierra. Por tanto, id, y haced discípulos a todas las naciones, bautizándolos en el nombre del
Padre, y del Hijo, y del Espíritu Santo; enseñándoles
que guarden todas las cosas que os he mandado; y he
aquí yo estoy con vosotros todos los días, hasta el fin
del mundo. Amén.»

(MATEO 28,18-20) ◀

MULTIPLICAR UN MOVIMIENTO

El sol brillaba en lo alto de un cielo despejado cuando subí a la cima del monte Arbel. Esta montaña es muy especial en la vida de Jesús y en la de aquellos que Lo siguen. Al igual que hace dos mil años, hoy en día es uno de los picos más altos que rodean el Mar de Galilea, al norte de Israel. Me encontraba allí con un grupo de nuestra iglesia que estaba estudiando la vida de Cristo. Hoy en día sigo conservando en la memoria las vistas desde el monte Arbel.

Desde la cima del Arbel puedes ver una gran distancia. Si miras al norte, se ve el pico del monte Hermon, la montaña más grande de Israel, que preside las fronteras entre Líbano, Siria e Israel. Al este se ven los Altos del Golán, la meseta empedrada de basalto negro que separa Israel de las naciones de Siria y Jordania. Si miramos al sur, podemos ver cómo los fértiles campos de cultivo del Valle de Jezreel se extienden sobre la tierra hasta alcanzar las ondulantes colinas de Samaria. Y si miramos al oeste, en un día claro, apenas se puede ver la llanura costera junto a Cesarea Marítima, antigua ciudad portuaria que ordenó construir el rey Herodes y desde donde el apóstol Pablo zarpó hacia Roma, llevando consigo el Evangelio a Occidente.

Desde esta vista se pueden ver las naciones. Fue precisamente ese el motivo por el que Jesús eligió este lugar para dar a Sus seguidores lo que hoy conocemos como el *«gran comisión»*. ¿Por qué creemos que Jesús estuvo en el monte Arbel? Hay ciertas pistas que nos llevan a esta conclusión. En primer lugar, la montaña se asienta sobre la transitada ruta entre Nazaret y el Mar de Galilea denominada *«Valle de las Palomas»*. Dado que Jesús vivió en Nazaret la mayor parte de su infancia, debió haber pasado por aquí muchas veces.

Otra evidencia circunstancial es el hecho de que Arbel es la montaña más alta de Galilea. El Evangelio de Mateo nos narra que después de Su resurrección, Jesús ordenó a Sus discípulos a que fueran a la montaña en Galilea **(Mateo 28,16)**. Aunque no especificó cuál, es evidente que los discípulos conocían el lugar. Habían ido allí en numerosas ocasiones. Quién sabe, quizá Jesús y sus hombres pasaron la noche en esta montaña, pensando en lo que Dios haría con sus vidas algún día. No hay ninguna evidencia arqueológica de la presencia de Jesús en esta montaña, pero si no se trata del monte Arbel, no sé muy bien cuál podría ser.

Imagina que estás allí conmigo. Imagina poner tus pies sobre la misma montaña donde estuvieron los discípulos. Imagina las palabras de Jesús que pronunció en aquel lugar.

«Y Jesús se acercó y les habló diciendo: Toda potestad me es dada en el cielo y en la tierra. Por tanto, id, y haced discípulos a todas las naciones, bautizándolos en el nombre del Padre, y del Hijo, y del Espíritu Santo; enseñándoles que guarden todas las cosas que os he mandado; y he aquí yo estoy con vosotros todos los días, hasta el fin del mundo. Amén» **(Mateo 28,19-20)**.

¿Qué es lo que hacía Jesús? Estaba presentando una visión: la visión de un movimiento global de multiplicación. Tan solo unos días antes lo habían visto crucificado a manos de los crueles romanos, colgado en una robusta cruz y despreciado por los líderes religiosos. Habían visto cómo bajaban Su cuerpo sin vida de la cruz y lo introducían en una tumba prestada. Tres días más tarde vieron a Jesús levantarse entre los muertos, con Su cuerpo transfigurado, aunque aún tenía las cicatrices de la cruz. Todo esto era parte de la preparación para su nueva misión en la vida. Jesus estimulaba a Sus discípulos, les instaba a invertir sus vidas en un movimiento que cambiaría el curso de la historia humana y cambiara el destino eterno de las vidas de millones de personas. Fue una visión extraordinaria... ¡y lo sigue siendo!

En la actualidad, un sinfín de hombres y mujeres se unen a Jesús y Su visión para hacer discípulos para los confines del mundo. Algunos renuncian a la comodidad de sus hogares y sus trabajos para fundar iglesias y predicar el Evangelio en lugares remotos del planeta. Duane y Deanna, amigos a los que tengo gran aprecio, dedicaron sus años de jubilación a viajar incansablemente a las zonas más apartadas de África, Asia y Centroamérica para hablar a sus habitantes sobre Jesús e instruir a pastores. Se conocieron en la universidad. Tras graduarse, Duane se convirtió en uno de los mejores entrenadores de baloncesto del estado de Texas.

Entre todos esos logros y éxitos, Duane y Deanna mantuvieron su sólido compromiso de servir a Jesús. Duane acabó dejando de entrenar para dedicarse a su gran amor: hablar a la gente de Cristo y hacer discípulos. Su sacrificio y determinación no dejan de inspirarme. Sin embargo, no es necesario que abandones tu carrera para iniciar un movimiento de multiplicación. Conozco a empresarios, médicos, abogados, vendedores, amas de casa y estudiantes universitarios que tienen el compromiso de hacer discípulos en los lugares donde viven, estudian, trabajan y se divierten. Pues trabajar desde el lugar que te ha designado Dios: tu barrio, escuela, lugar de trabajo, ect. Dios desea utilizarte para hacer discípulos que hagan a su vez discípulos para toda la vida. Te estarás preguntando, «¿y cómo voy a hacerlo? *Estoy muy ocupado: ¿qué puedo hacer para cambiar las cosas?*»

En el primer libro de esta serie titulado «Camina con Dios», aprendiste a convertir a Jesús en el centro de tu vida, a escuchar Su voz, a orar y vivir en una comunidad cristiana. En el segundo libro, titulado «Alcanza tu mundo», aprendiste a vivir en una misión con Jesús cada día compartiendo el Evangelio con las personas que Dios ha puesto en tu vida. Ahora, en este tercer libro de la serie, aprenderás a «Invierte tu vida en unos pocos» aprovechando lo que has aprendido e invirtiéndolo en las vidas de los demás. Sí, tú ya sabes ser discípulo. Ahora es el momento de hacer discípulos nuevos. Jesús sigue lanzando Su mandato. Sigue buscando a hombres y mujeres que se unan a Él en Su visión global. Y si estás preparado y dispuesto, Jesús podrá utilizarte para crear un impacto duradero en las generaciones futuras. ¡Comenzamos!

TIEMPO PARA REFLEXIONAR

¿Qué te viene a la cabeza cuando piensas en *«iniciar un movimiento»*?

_____

_____

_____

_____

_____

_____

_____

_____

_____

_____

¿Qué crees que te impediría invertir tu vida para equipar los demás?

_____

_____

_____

_____

_____

_____

_____

_____

_____

_____

_____

_____

_____

TIEMPO PARA PRÁCTICA

Empieza memorizando el versículo de la Escritura de la semana.

«Y Jesús se acercó y les habló diciendo: Toda potestad me es dada en el cielo y en la tierra. Por tanto, id, y haced discípulos a todas las naciones, bautizándolos en el nombre del Padre, y del Hijo, y del Espíritu Santo; enseñándoles que guarden todas las cosas que os he mandado; y he aquí yo estoy con vosotros todos los días, hasta el fin del mundo. Amén.»
(MATEO 28,18-20)

Procede con la lectura de las Escrituras de *«La Biblia en un año»* para hoy.
Mientras lees no te olvides, que es importante que uno recuerda a los acrósticos **s.i.e.n.t.a.** y **o.r.a.r.**.
(Consulta el Apéndice para conocer más detalles.)

TIEMPO PARA ORAR

Agradece a Dios que desee utilizarte para invertir en equipar los demás.

EL PRODUCTO FINAL

El mandato de Jesús era claro: *«Id a hacer discípulos de todas las naciones»*. El mandato clave, el imperativo divino, es el de *«hacer discípulos»*. Pero ¿qué es exactamente un discípulo? Si Jesús nos pide que hagamos discípulos, primero debemos tener claro qué es un discípulo. Al fin y al cabo, responderemos ante Jesús si lo hemos conseguido o no **(1 Corintios 3,12-13)**. El término *«discípulo»* que empleó Jesús en **(Mateo 28,19)** es la palabra griega mathetes, que significa *«aprender»*. La palabra hebrea para discípulo es talmidim, que deriva también de la palabra que significa *«aprender»*, y se empleó para un joven que abandonó su hogar para estudiar con un rabino. Por tanto, un discípulo es un aprendedor. Pero un discípulo es mucho más que una persona que aprende contenidos religiosos y adquiere conocimientos bíblicos. Para entender más es necesario profundizar en la cultura del Antiguo Testamento, pues hacer discípulos es algo que no comenzó con Jesús. Es algo anterior a Él.

La idea de hacer discípulos tiene sus raíces en el Antiguo Testamento. Los antiguos profetas solían elegir a jóvenes para entrenarlos en como a Dios **(Isaías 8,16)**. Los músicos del templo recibían formación en escuelas especiales con maestros para poder servir en el culto en el templo **(1 Crónicas 25,8)**. Más tarde, se fundaron escuelas rabínicas con el fin de dar formación a profesores y líderes. En la época de Jesús, había muchos tipos distintos de discípulos. Había *«discípulos de Moisés»* **(Juan 9,28)**, *«discípulos de los fariseos»* **(Mateo 22,16; Marcos 2,18; Lucas 5,33)**, *«discípulos de Juan Bautista»* **(Mateo 9,14; Marcos 2,18; Lucas 5,33)** y *«discípulos de Jesús»* **(Mateo 28,18-20)**. Por tanto, en su definición más básica, un discípulo era una persona que seguía a un maestro para hacerse como él y continuar con su obra. Vuelve a leer esa última frase y reflexiona sobre ello. Un discípulo era alguien que seguía a un maestro para llegar a ser algún día como ese maestro y poder continuar su obra.

En el Nuevo Testamento, el término *«discípulo»* se emplea principalmente para referirse a un seguidor de Jesús. Este término aparece 261 veces en el Evangelios y en el libro de Hechos. *[«El discipulado en el Nuevo Testamento», por Robert Foster, Society of Biblical Literature, www.sbl.org]*

Es evidente que *«discípulo»* es sinónimo de *«creyente»* en Jesucristo **(Hechos 6,7; 9,26; 14,21-22)**. En **(Hechos 4,32)**, *«aquellos que creen»* fueron denominados posteriormente *«discípulos»* en **(Hechos 6,2)**, y esos mismos discípulos de Jesús fueron llamados *«cristianos»* en Antioquía **(Hechos 11,26)**. Cuando pasamos del libro de Hechos a las Epístolas, empieza a desaparecer el término *«discípulo»* y es sustituido por términos como *«hermano/hermana»*, *«santo»*, *«creyente»*, y *«cristiano»*.

Aclarar y simplificar la definición de un discípulo es fundamental para poder comprometerte a hacer discípulos. No se puede tener una visión confusa del producto final. Al igual que los trabajadores de una fábrica saben de ruedas y las fabrican, o al igual que un fabricante de ordenadores sabe de informática y sabe cómo fabricarlos, un discípulo de Jesús sabe qué son los discípulos y cómo hacerlos. El apóstol Pablo fue muy claro con lo que estaba tratando de logar en la vida de cada persona que conoció y en cada iglesia que fundó.

Aquí algunos versículos que ilustran el producto final de Pablo. Escribió a la iglesia de Roma: *«Porque a los que antes conoció, también los predestinó para que fuesen hechos conformes a la imagen de su Hijo, para que él sea el primogénito entre muchos hermanos»* **(Romanos 8,29)**. Y a las iglesias de Galacia escribió: *«Hijitos míos, por quienes vuelvo a sufrir dolores de parto, hasta que Cristo sea formado en vosotros».* **(Gálatas 4,19)**. A la iglesia de Corinto escribió: *"Por tanto, nosotros todos, mirando a cara descubierta como en un espejo la gloria del Señor, somos transformados de gloria en gloria en la misma imagen, como por el Espíritu del Señor»* **(2 Corintios 3,18)**. Y a la iglesia de Colosas escribió: *« a quien anunciamos, amonestando a todo hombre, y enseñando a todo hombre en toda sabiduría, a fin de presentar perfecto en Cristo Jesús a todo hombre; para lo cual también trabajo, luchando según la potencia de él, la cual actúa poderosamente en mí»* **(Colosenses 1,28-29)**.

En estos versículos vemos claramente que la meta de Pablo era hacer que las personas se parecieran cada vez más a Jesús. Quería que las personas se hicieran a la imagen de Jesús, que fueran espejos donde se reflejara Jesús y que maduraran para parecerse a Jesús. El producto final de Pablo era obtener seguidores como Cristo, y este debe ser el producto final de cada iglesia y de cada creador de discípulos. Cuando inviertes tu vida en otra persona, no estás simplemente intentando transmitir el conocimiento de la Biblia. No sólo estás tratando de convertirlo en un aprendiz. Estás invirtiendo tu vida para formar hombres y mujeres que sigan a Jesús, que maduren para parecerse a Él y continúen con Su obra.

TIEMPO PARA REFLEXIONAR

¿Cómo se define un discípulo en este capítulo?

_____

_____

_____

¿Estás de acuerdo o en desacuerdo con esta definición? Explícalo.

_____

_____

_____

_____

_____

_____

_____

TIEMPO PARA PRÁCTICA

Repasa el versículo de las Escrituras que debes memorizar esta semana.

«Y Jesús se acercó y les habló diciendo: Toda potestad me es dada en el cielo y en la tierra. Por tanto, id, y haced discípulos a todas las naciones, bautizándolos en el nombre del Padre, y del Hijo, y del Espíritu Santo; enseñándoles que guarden todas las cosas que os he mandado; y he aquí yo estoy con vosotros todos los días, hasta el fin del mundo. Amén.»
(MATEO 28,18-20)

Procede con la lectura de las Escrituras de «La Biblia en un año» para hoy.
Mientras lees no te olvides, que es importante que uno recuerda a los acrósticos **s.i.e.n.t.a.** y **o.r.a.r..**
(Consulta el Apéndice para conocer más detalles.)

TIEMPO PARA ORAR

Pide a Dios que te convierta en un discípulo que hace discípulos.

DEVOTO

Cuando uno piensa en 3-D, piensa en algo tridimensional. Las películas en 3-D dan la sensación de que van a saltar de la pantalla. Las impresoras en 3-D generan productos con todas sus dimensiones. Del mismo modo, un verdadero discípulo de Jesús posee tres dimensiones que le hacen plenamente maduro, íntegro y semejante a Cristo. La primera dimensión de un discípulo es que debe ser **DEVOTO** a Jesús. Es decir, que esta persona esté convencida de que Jesús es Cristo, y que únicamente se llega a la salvación a través de Él. Así es como se empieza a hacer un discípulo. Empieza cuando una persona se aparta del pecado y se acerca a Jesús como perdonador misericordioso y líder de su vida. No se puede ser un discípulo sin salvación personal. Cuando recogió el testigo de la predicación y empezó a liderar el movimiento que Juan Bautista había iniciado, Jesús comenzó a predicar un mensaje muy sencillo. Solo tenía dos puntos: **«Arrepentíos y creed» (Marcos 1,15)**. En ese breve sermón, Jesús quería decir que *«no basta con ser religioso, es necesario que establezcas una relación personal conmigo a través de la fe»*.

Una noche, un líder religioso llamado Nicodemo acudió a Jesús. No quería que lo vieran sus compañeros, pues tenía una reputación que cuidar. Sin embargo, también tenía el acuciante deseo de saber lo que suponía conocer a Dios. Jesús le dijo claramente: ***«Os es necesario nacer de nuevo» (Juan 3,7)***. Al igual que uno nace en su familia terrenal, también es necesario nacer en la familia de Dios, y eso es algo que solo ocurre teniendo fe en Jesús. Nicodemo era un hombre religioso. Conocía bien la Biblia. Como rabino judío, sentía devoción por los rituales y las tradiciones, pero Jesús le dijo: ***«...el que no naciere de nuevo no puede ver el reino de Dios» (Juan 3,3)***. Aquí es donde comienza el discipulado.

Recuerdo que una noche tomé un café con un joven en una cafetería lleno de gente. El joven llevaba acudiendo a la iglesia varios años y sentía el deseo de ser un pastor. Me pidió que fuera a hablar del tema con él, así que nos reunimos. Una vez sentados, simplemente le pregunte sobre su viaje espiritual y cómo Dios se está moviendo en su vida. Se inclinó hacia delante y me contó con gran entusiasmo durante media hora cuánto amaba a la gente de la iglesia, y cuánto le gustaba servir en el grupo juvenil de la iglesia. Yo le escuché atentamente. A continuación, le inquirí: *«bueno, ¿y cuándo entregaste tu vida a Cristo?»* Hizo una pausa y me miró cómo si no hubiera entendido la pregunta, así que la reformulé. *«Me refiero a que me cuentes cuándo te hiciste cristiano. ¿Cómo ocurrió?»* Masculló algo así como *«yo siempre he creído en Dios»*. *«Fui confirmado en mi iglesia cuando tenía doce años»*. Era evidente que le costaba encontrar las palabras.

Esa noche me dediqué a hablarle de Jesús. Le expliqué cuánto le amaba Dios y que Él lo había creado para conocerlo de un modo profundo y personal. Le expliqué que nuestro problema era que el pecado nos había separado de Dios, y que todos estamos desconectados de Él. Recuerdo que le dije: «echa un vistazo a esta cafetería llena de gente». Sus ojos recorrieron la sala. «Todas las personas que están en esta sala y en el resto de nuestro mundo son pecadores y están destituidos de la gloria de Dios. Todos nosotros estamos separados de Dios y totalmente perdidos». Observé cómo cambiaba a medida que iba asimilando la gravedad de mis palabras. Proseguí: «pero por ese motivo vino Jesús. Dios envió a Su único Hijo para morir en una cruz. En esa cruz, asumió la ira de Dios y pagó la pena por nuestros pecados. Murió. Fue enterrado. Tres días más tarde se levantó entre los muertos, venciendo al pecado, a la muerte y a la tumba. Si te apartas de tu pecado y acudes a Jesús, Él promete perdonarte y restaurar tu relación rota con Dios».

Dejé que calaran mis palabras. A continuación, le pregunté: «¿tú has hecho eso?» Pasado un buen rato, simplemente respondió: «no, la verdad es que no». De hecho, no sabía bien si estaba preparado para un compromiso de ese tipo. Una cosa era acudir al seminario, pero seguir realmente a Jesús era algo muy distinto. Cuando abandonamos aquella cafetería, salí pensando en cuántas personas estarían en la situación de este joven: en su iglesia era practicante, implicado y sincero, pero perdido. El primer paso para hacerse discípulo es llegar a la fe en Jesús. Pablo lo explicó de manera sencilla: **«que si confesares con tu boca que Jesús es el Señor, y creyeres en tu corazón que Dios le levantó de los muertos, serás salvo» (Romanos 10,9)**. La salvación bíblica implica reconocer el pecado ante Dios, creer que Jesús es el Hijo de Dios y que solo Su muerte y resurrección puede pagar la pena de nuestros pecados. También implica apartarse del pecado y depositar en Jesús la fe. A eso se refería Jesús cuando dijo «es necesario volver a nacer». Un verdadero discípulo es aquel devoto a Jesús que ha nacido en la familia de Dios por medio de la fe en Jesús.

TIEMPO PARA REFLEXIONAR

¿A qué se refería Jesús cuando dijo *"«...el que no naciere de nuevo no puede ver el reino de Dios», (Juan 3,3)*?

_____

_____

_____

_____

_____

_____

_____

¿Por qué crees que hay gente que se contenta con ser religiosa pero sin llegar a la fe en Jesús?

_____

_____

_____

_____

_____

_____

_____

TIEMPO PARA PRÁCTICA

Repasa el versículo de las Escrituras que debes memorizar esta semana.

«Y Jesús se acercó y les habló diciendo: Toda potestad me es dada en el cielo y en la tierra. Por tanto, id, y haced discípulos a todas las naciones, bautizándolos en el nombre del Padre, y del Hijo, y del Espíritu Santo; enseñándoles que guarden todas las cosas que os he mandado; y he aquí yo estoy con vosotros todos los días, hasta el fin del mundo. Amén.»
(MATEO 28,18-20)

Procede con la lectura de las Escrituras de *«La Biblia en un año»* para hoy.
Mientras lees no te olvides, que es importante que uno recuerda a los acrósticos **s.i.e.n.t.a.** y **o.r.a.r.**.
(Consulta el Apéndice para conocer más detalles.)

TIEMPO PARA ORAR

Agradece al Señor que te haya salvado y llamado para ser Su discípulo.

DESARROLLANDO

La segunda dimensión de un discípulo es que esté **DESARROLLANDO** de manera gradual el carácter y las competencias de Jesús en su propia vida. Recuerda que un discípulo es alguien que sigue a un maestro para llegar a ser como él. Por tanto, un discípulo de Jesús es alguien que ha elegido seguir a Jesús y está en proceso de ser cada vez más como Él. Los teólogos llaman a esto santificación. Es el proceso mediante el cual el Espíritu de Dios comienza a moldear y dar forma al nuevo creyente a la imagen de Cristo. Jesús oró para que esto ocurriera con cada uno de Sus discípulos. En la noche anterior a Su muerte oró: **«No ruego que los quites del mundo, sino que los guardes del mal. No son del mundo, como tampoco yo soy del mundo» (Juan 17,16-17)**. En este caso, la palabra griega para «santificar» es *hagiazon*, que significa «ser separado o apartado». Al igual que Jesús estaba apartado con un fin redentor para prender la llama de un movimiento global de creación de discípulos, Sus seguidores han **«nacer de nuevo» (Juan 3,7)**, y se han apartado para unirse a Jesús en Su misión **(Juan 20,21)**. Para ello es necesario caminar como caminaba Jesús **(1 Juan 2,6)** y hacer aquello que Jesús hacía **(Juan 14,12)**.

Hay dos áreas principales en los que un discípulo necesita desarrollarse:

1. Un discípulo debe desarrollar el carácter de Jesús. Esto es la significa ser como Cristo por dentro. Pablo hablaba de esto cuando instó a los filipenses: **«no mirando cada uno por lo suyo propio, sino cada cual también por lo de los otros. Haya, pues, en vosotros este sentir que hubo también en Cristo Jesús...» (Filipenses 2,4-5)**. En este caso, la palabra griega para «sentir» es *phroneo*, que significa «pensar de la misma manera, o tener la misma disposición o actitud». Pablo animaba a estos nuevos creyentes a tener la misma actitud, pensamientos, carácter y disposición interna que Jesús. Les indicó varias maneras para llegar a ese fin: tener ideas afines, no mirar por sus propios intereses, preocuparse por los intereses de los demás y considerar más importantes a los demás que a sí mismos. Todas estas actitudes se reflejaban en la vida de Jesús.

¿Cuáles eran las cualidades del carácter de Jesús? Probablemente, el lugar donde mejor enumeradas están es **(Gálatas 5,22-23)**. **«Mas el fruto del Espíritu es amor, gozo, paz, paciencia, benignidad, bondad, fe, mansedumbre, templanza; contra tales cosas no hay ley.»** Estas cualidades son conocidas como el *«fruto del Espíritu»*, pero se mostraron perfectamente en la vida de Jesús. Expresaba un amor y un gozo supremos. Ejemplificaba la paz y la paciencia en cualquier circunstancia. Demostraba benignidad con los olvidados, bondad con los descarriados, fe a los que dudaban, y mansedumbre y templanza incluso en las peores situaciones. Por ello, un discípulo está creciendo en estas cualidades. Un discípulo está aprendiendo día a día a dejar que el Espíritu de Dios lo controle, lo cambie y lo guíe. Un discípulo deja de ser la persona que era. ¿Es perfecto un discípulo? No, pero ¿está progresando? ¡Por supuesto!

2. Un discípulo debe desarrollar las competencias de Jesús. Esto es la semejanza a Cristo en el exterior. Cuando Jesús llamó a Sus discípulos a «seguirlo», dedicó los años siguientes a entrenándolos para que fueran como Él y para que continuaran con Su obra. Para ello, era necesario aprender a dominar determinadas competencias para cumplir sus cometidos. Plantéatelo de esta manera: cuando un maestro electricista enseña a un nuevo aprendiz, su objetivo es que este sea competente en cada apartado de su nuevo trabajo. Es necesario aprender a dominar ciertas habilidades. Es necesario aprender a solucionar ciertos problemas. Se necesita una determinada base de conocimientos para poder cumplir con el cometido. Del mismo modo, Jesús entrenó a Sus hombres en determinadas habilidades para que pudieran continuar la obra que Él había iniciado. Te estarás preguntando: «¿qué tipo de competencias enseñó Jesús a Sus discípulos?»

Cuando uno lee los evangelios, varias de ellas se identifican rápidamente. Por ejemplo, Jesús instruyó a Sus discípulos en la Palabra de Dios. A lo largo de los evangelios, Jesús citó las Escrituras en más de 70 ocasiones distintas. Citó las Escrituras cuando fue tentado. Citó las Escrituras cuando se enfrentó a los fariseos. Citó las Escrituras cuando enseñaba. En todos esos momentos, Jesús estaba enseñando a Sus hombres a comprender la Palabra de Dios. Asimismo, Jesús enseñó a Sus hombres a orar. Solía retirarse en soledad para buscar el rostro de Su Padre. En ocasiones, oraba toda la noche antes de tomar decisiones importantes **(Lucas 6,12)** o cuando soportaba las enormes presiones de Su ministerio. Vemos a Jesús enseñar a Sus discípulos a orar en al menos dos ocasiones **(Mateo 6,5-13; Lucas 11,1-13)**. Asimismo, Jesús enseñó a Sus hombres a compartir el Evangelio. Hacía gala de un evangelismo público y personal, y luego enviaba a Sus discípulos a hacer lo mismo.

También entrenó a Sus hombres a invertir sus vidas en los demás. Jesús daba prioridad a las relaciones, y elegía invertir la mayor parte de Su tiempo en algunos líderes emergentes, en lugar de dedicar toda Su atención a la ruidosa multitud. De esta manera, Jesús estaba enseñando a Sus hombres a invertir en los demás para conseguir el máximo impacto. Estas son solo algunas de las competencias que Jesús enseñó a Sus discípulos. El verdadero discípulo de Jesús está creciendo progresivamente en estas competencias. Está aprendiendo a sacar tiempo para la oración y la Palabra de Dios. Está forjando intencionadamente relaciones con personas alejadas de Dios, y compartiendo el Evangelio. Está invirtiendo Su vida en unos pocos y mostrándoles como caminar con Dios. Igualmente, yo me sentiré agradecido eternamente a las personas que me formaron en estos aspectos.

Jerry fue uno de los tres empresarios que invirtieron en mí cuando yo era un joven pastor. Poseía su propia empresa de contratación. A Jerry le apasionaba hacer discípulos. Solía decir: *«Craig, por nuestra cuenta jamás podremos vivir la vida cristiana. Es imposible. No podemos obligarnos a nosotros mismos a cambiar por dentro, por mucha fuerza de voluntad que tengamos. Necesitamos a alguien del exterior que venga y nos cambie en el interior. Y ese Alguien es Jesús. La única manera de vivir la vida cristiana es centrándose en Cristo y estando bajo el control de Cristo. A diario tomamos la decisión de reconocer a Jesús como centro de nuestras vidas y todo gire en torno a Él, o bien de ponernos a nosotros mismos en ese lugar. A diario tomamos la decisión de ceder voluntariamente el control de nuestras vidas a Jesús, o bien de tomar las riendas y asumir nosotros el control».*

Nunca he olvidado las palabras de Jerry. En estos años, he tenido épocas en las que he vivido centrado en Cristo y controlado por Cristo. En esos momentos, el Espíritu de Dios ha generado en mí el carácter de Jesús y el deseo de poner en práctica las competencias de Jesús. Sin embargo, he de admitir que ha habido días en los que Jesús no ha sido el centro de mi vida. He estado ocupado llevando a cabo mis planes, mis actividades, y mis iniciativas. Y en esos días Jesús no ha tenido el control de mi vida. En consecuencia, en esos días no tenía el carácter y las competencias de Jesús. Todos tenemos margen para crecer. No estoy diciendo que un discípulo haga todas estas cosas a la perfección. Pero sí afirmo que un verdadero discípulo de Jesús avanza en esta dirección. El Espíritu en su interior está trabajando en él, y tiene el deseo de vivir como Jesús.

El apóstol Pablo escribió a su joven discípulo Timoteo: **«Ocúpate en estas cosas; permanece en ellas, para que tu aprovechamiento sea manifiesto a todo» (1 Timoteo 4,15)**. La palabra clave aquí es «aprovechamiento». No le dijo: *«Timoteo, tienes que ser perfecto. Debes hacerlo todo correctamente en todo momento»*. Se limitó a decirle: *«sigue avanzando»*. Ese era el objetivo de Pablo incluso para sí mismo. Me encanta cómo lo expresó el apóstol Pablo: **«No que lo haya alcanzado ya, ni que ya sea perfecto; sino que prosigo, por ver si logro asir aquello para lo cual fui también asido por Cristo Jesús» (Filipenses 3,12).** Pablo no era perfecto. No había alcanzado la madurez plena, pero estaba trabajando para ello. Estaba progresando. Tenía el deseo de ser como Jesús tanto en el interior como en el exterior. Y ese es deseo de todo verdadero discípulo.

TIEMPO PARA REFLEXIONAR

¿En qué dos áreas necesita desarrollarse un nuevo discípulo?

_____

_____

_____

_____

_____

_____

_____

_____

_____

¿Cuál de estos dos áreas te parece más importante? Explícalo.

_____

_____

_____

_____

_____

_____

_____

_____

TIEMPO PARA PRÁCTICA

Repasa el versículo de las Escrituras que debes memorizar esta semana.

«Y Jesús se acercó y les habló diciendo: Toda potestad me es dada en el cielo y en la tierra. Por tanto, id, y haced discípulos a todas las naciones, bautizándolos en el nombre del Padre, y del Hijo, y del Espíritu Santo; enseñándoles que guarden todas las cosas que os he mandado; y he aquí yo estoy con vosotros todos los días, hasta el fin del mundo. Amén.»
(MATEO 28,18-20)

Procede con la lectura de las Escrituras de *«La Biblia en un año»* para hoy.
Mientras lees no te olvides, que es importante que uno recuerda a los acrósticos **s.i.e.n.t.a.** y **o.r.a.r..**
(Consulta el Apéndice para conocer más detalles.)

TIEMPO PARA ORAR

Pide hoy al Señor que te asemeje cada vez más a Él.

DESPLIEGUE

La última dimensión de un verdadero discípulo es su **DESPLIEGUE**. Los discípulos verdaderos están activamente comprometidos con el ministerio de Jesús. Más específicamente, están haciendo nuevos discípulos caminando con Dios, alcanzando su mundo e invirtiendo en unos pocos. «Despliegue» es una palabra de acción. A lo largo de estos años, he tenido varios amigos que estaban en el ejército. Uno de ellos era comandante en las Fuerzas Aéreas. Tuvo que realizar varios vuelos a territorio enemigo durante un conflicto bélico. Para él, desplegarse era abandonar la seguridad del hogar y entrar en la batalla. Ahora vamos a aplicar este ejemplo a la misión de Jesús. Un verdadero discípulo es un discípulo desplegado. Un verdadero discípulo no es alguien que se limita a creer en Jesús y dedica su tiempo a disciplinas espirituales como leer la Biblia y la oración, sino alguien que hace avanzar activamente el Reino de Dios llegando a las personas para acompañarlos a la madurez en Cristo.

Un día que Jesús estaba viajando de una aldea a otra, enseñando y predicando a las multitudes, sintió una enorme compasión. *«Y al ver las multitudes, tuvo compasión de ellas; porque estaban desamparadas y dispersas como ovejas que no tienen pastor»*, **(Mateo 9,36)**. En este caso, la palabra griega para «desamparadas» es *skullo*, que significa «*estar destrozado, desfigurado y mutilado*». La palabra griega para «dispersas» es *rhipto*, que significa arrojar al suelo. Jesús vio a estas personas como Su Padre las veía: víctimas del enemigo, heridas, traicionadas, maltratadas, destrozadas y apaleadas, rechazadas y abandonadas. Vio que no tenían a nadie que se preocupara o cuidara de ellas.

Yo he visto a mucha gente sufrir. He recorrido barrios marginales de la India donde los niños juegan sobre montones de basura y subsisten sin agua potable ni un techo. He visitado escuelas de los guetos atacadas por pandillas locales. He mirado a los ojos de personas sin hogar, madres solteras, personas mayores y marginados. Durante la recesión económica de 2008-2009, se perdieron 8,4 millones de empleos en los Estados Unidos. En aquel momento, suponía el 6,1% de todos los empleos de la nación. La zona donde ejerzo como pastor se vio afectada especialmente. Nunca olvidaré a aquel hombre de mediana edad parado en una esquina vestido con un traje elegante y corbata, con su maletín al lado, portando un cartel escrito a mano donde se leía «necesito trabajo». ¡Fatigados! ¡Dispersos! Jesús sufría por estas personas.

Cuando me detengo el tiempo suficiente para ver a las personas tal y como las ve Dios, mi corazón también sufre. ¿Cuál es la solución para el dolor y el sufrimiento en nuestra cultura? Jesús dijo: *«Entonces dijo a sus discípulos: A la verdad la mies es mucha, más los obreros pocos»* **(Mateo 9,37)**. Jesús proclamó que nuestra respuesta al sufrimiento humano es la oración, pero no una que diga: *«Señor, ayuda a estas personas. Están sufriendo enormemente»*. Hablaba de una oración que diga:

«Señor, ayuda a estas personas mandando más mano de obra al campo de cultivo». Solemos escuchar este versículo cuando alguien hace un alegato para más voluntarios en la iglesia. Los voluntarios que trabajan con los niños escasean y el pastor cita este pasaje: *«orad al Señor de la cosecha para que envíe trabajadores».*

Jesús no nos está pidiendo que oremos para recibir más voluntarios en la iglesia. Nos pide que oremos para que la gente salga de la iglesia y acuda a los campos de cultivo. Allí es donde están las personas perdidas. Allí es donde están las personas que sufren, las fatigadas y dispersas, y las que necesitan la esperanza del Evangelio. Los verdaderos discípulos se despliegan a los campos de cultivo. Buscan de manera intencionada y deliberada a aquellas personas que viven alejadas de Dios, e invierten sus vidas en unos pocos creyentes para ayudarles a caminar con Jesús. Muchos discípulos hacen esto actualmente, incluso en situaciones de hostilidad y resistencia. En un viaje que hice a Bangalore, India, tuve la ocasión de hablar con pastores que habían sufrido mucho para seguir a Jesús. Nos reunimos en un edificio de bloques de concreto con entre 15 y 20 pastores indios. Yo era uno de los predicadores de la jornada, pero pronto me di cuenta de que estaba rodeado de gigantes espirituales. Todos estos hombres procedían de una educación musulmana y habían arriesgado su vida para seguir a Cristo. Uno de los pastores había escuchado el Evangelio en su aldea remota a través de una emisora de radio. Escribió para pedir una Biblia, y se dedicó a estudiarla en secreto durante meses. Cuando descubrieron que era seguidor de Cristo, los hombres de la aldea le dieron una fuerte paliza y amenazaron con matarlo. Su madre le ayudó a escapar. Dejó atrás a su esposa, sus hijos, su hogar y su trabajo. Lo perdió absolutamente todo.

También tuve la ocasión de conocer a una joven llamada Fátima. Cuando su familia se enteró de que era seguidora de Cristo, la amenazaron de muerte: un asesinato por honor. Sin embargo, consiguió escapar y encontró refugio con los cristianos. Años más tarde, se casó con un joven cristiano y tuvieron un bebé. Con el tiempo, pudo comunicarse con su padre y su madre, y parecía que su hostilidad hacia ella se había aplacado. Sin embargo, cuando regresó a casa para recoger unas cosas personales, sus hermanos les dieron una paliza a ella y a su marido. Cuando me contó su historia, pude ver sus magulladuras y la sangre en sus ojos. Jesús advirtió a Sus seguidores que desplegarse en el campo de cultivo no sería sencillo, pero prometió que estaría a nuestro lado.

¿Te imaginas a un grupo de hombres y mujeres en tu iglesia, entrenados y movilizados para llegar a las personas con el Evangelio? ¿Te imaginas a cientos de personas formadas para invertir en los demás y enseñarles a caminar con Dios? Jesús sí. Esta era Su visión para Su iglesia. Y lo sigue siendo.

TIEMPO PARA REFLEXIONAR

¿Qué crees que significa desplegarse a los campos de cultivo?

_____

_____

_____

_____

_____

_____

¿En qué ocasiones has visto a gente desamparada y dispersa?

_____

_____

_____

_____

_____

_____

_____

¿Qué te impide entrar a los campos cultivos que tienes a tu alrededor?

_____

_____

_____

_____

_____

_____

_____

_____

TIEMPO PARA PRÁCTICA

Repasa el versículo de las Escrituras que debes memorizar esta semana.

«Y Jesús se acercó y les habló diciendo: Toda potestad me es dada en el cielo y en la tierra. Por tanto, id, y haced discípulos a todas las naciones, bautizándolos en el nombre del Padre, y del Hijo, y del Espíritu Santo; enseñándoles que guarden todas las cosas que os he mandado; y he aquí yo estoy con vosotros todos los días, hasta el fin del mundo. Amén.»
(MATEO 28,18-20)

Procede con la lectura de las Escrituras de *«La Biblia en un año»* para hoy.
Mientras lees no te olvides, que es importante que uno recuerda a los acrósticos **s.i.e.n.t.a.** y **o.r.a.r.**.
(Consulta el Apéndice para conocer más detalles.)

TIEMPO PARA ORAR

Pide a Dios que te muestra cómo desea utilizarte hoy.

LA INVITACIÓN INCREÍBLE

Namos a dedicar un momento a repasar. Un discípulo es un **DEVOTO** a Jesús. (Ha llegado personalmente a la fe en Cristo.) Un discípulo es una persona que se está **DESARROLLANDO** en el carácter y las competencias de Jesús. (Está cambiando continuamente tanto en el interior como en el exterior.) Asimismo, este discípulo se **DESPLIEGUE** en la misión de Jesús. (Comparte el Evangelio e invierte en los creyentes). Eso es un discípulo verdaderamente formado y plenamente maduro. Así es como Jesús quiere que seamos y esto es lo que quiere que hagamos. Habrá personas que digan: «yo no he leído en el Evangelio que Jesús fue tan específico al decirnos que hiciéramos discípulos. ¿Cómo podemos saber que eso era lo que Él tenía en mente?» No olvides que algo que era de conocimiento común para Sus discípulos en su cultura, no lo es para nosotros hoy en día. Volvamos a los comienzos y tratemos de comprender lo que pensaron aquellos primeros discípulos cuando escucharon la invitación de Jesús de «seguidme».

En la época de Jesús, los habitantes de Galilea estaban entre los judíos más religiosos de todo el mundo. Muchos maestros judíos célebres salieron de Galilea. La ciudad de Nazaret, donde se crio Jesús, fue fundada por personas que esperaban la llegada del Mesías. Le pusieron el nombre de Nazaret por la palabra hebrea *netzer*, que significa «rama de la raíz de un olivo». En Isaías 11, el profeta nos dice que el Mesías llegará en forma de rama «del tronco de Isaí». Por ello, estos fervientes devotos del Mesías pusieron a su ciudad un nombre que, traducido, sería «del *nezter*» o «ciudad rama», con la esperanza de que el Mesías apareciera en su pueblo.

Eran un pueblo muy religioso. Sentían una gran devoción por las Escrituras, y rechazaban encarnizadamente la influencia pagana. De hecho, fueron los galileos quienes lideraron la revuelta contra los romanos que acabó en una sangrienta derrota en los años 66-74 d.C., y acabaron sellando su destino con dominación total bajo el régimen romano. Fueron los últimos que resistieron al paganismo del Occidente. Este fue el contexto en el que Jesús y la mayoría de Sus discípulos se criaron. Era un pueblo que amaba a Dios y la Torá, y que mantenía el compromiso ferviente de criar a sus hijos del mismo modo. Desde su nacimiento, todos los niños y niñas escuchaban la lectura de la Torá y a sus padres y abuelos recitando las Escrituras. A menudo, las primeras palabras de un niño procedían de la Palabra de Dios. Cuando cumplían cinco años, los niños iniciaban su educación formal en la sinagoga bajo la tutela de un rabino (profesor). Estas sinagogas se llamaban *Bet Sefer* (casa del libro), y eran muy parecidas a las escuelas primarias de la actualidad. Los niños aprendían ahí el alfabeto hebreo, a leer y escribir, y las enseñanzas básicas de la Torá. A la edad de diez años, la mayoría de los niños tenían memorizados los cinco primeros libros del Antiguo Testamento.

Alrededor de los diez años de edad, el siguiente paso era aprender un oficio. Los niños aprendían el oficio de sus padres, y las niñas aprendían a trabajar junto a sus madres. Solo los mejores y más brillantes podían continuar con los estudios. Estos elegidos entraban en el *Bet Talmud* (casa de enseñanza) o *Beth Midrash* (casa de estudio), muy parecidos a nuestros escuelas secundarias o universidades, donde aprendían sobre La Ley, tradiciones orales e interpretaciones rabínicas. Obviamente, para ello necesitaban memorizar muchas más cosas. La mayoría de familias no poseía un ejemplar de la Torá, de modo que la memorizaban, recitaban en voz alta largos pasajes de las Escrituras y luego debatían sobre su significado.

La Enciclopedia Judía explica que «*había 480 sinagogas en Jerusalén, y cada una de ellas contaba con un bet ha-sefer (escuela primaria) y un bet Talmud (igual que el bet ha-midrash) para estudiar derecho y las tradiciones*». Al terminar esta etapa, la mayoría completaba su educación. Estos jóvenes volvían a trabajar en el oficio de sus padres. Sin embargo, había unos cuantos - la élite - que pasaban al siguiente nivel de formación. Esto ocurría alrededor de los quince años de edad. Aquellos que tenían un don académico especial buscaban un rabino para estudiar con él, a menudo abandonando sus hogares para dedicar su vida a aprender de sus maestros y llegar a ser como ellos. A estos alumnos se les llamaba «talmid» o «discípulo». Un discípulo era mucho más que un simple alumno o aprendiz. Un alumno desea saber lo que sabe su maestro, pero un «talmid» desea llegar a ser lo que es su maestro. Cuando un «talmid» elegía al rabino del que deseaba aprender, le preguntaba si podía «seguirlo». El rabino evaluaba al alumno exhaustivamente para saber si poseía la capacidad mental, el compromiso y el carácter necesarios para emprender ese aprendizaje. Si el «talmid» era aceptado, escuchaba esas anheladas palabras del rabino: «sígueme». A partir de entonces, el joven «talmid» dedicó los siguientes quince años de su vida al rabino.

Ahora piensa en las palabras que Jesús dijo a Sus primeros discípulos. Cuando Jesús se acercó a ellos, tendrían seguramente entre 16 y 19 años de edad. Estaban trabajando con sus padres. Habían llegado a su límite en cuanto a formación académica. Seguramente habían sido rechazados por otros rabinos que no los consideraban suficientemente buenos para pasar el nivel siguiente. Cuando esos primeros discípulos escucharon al rabino Jesús decir **venid en pos de mí», (Mateo 4,18-20)**, sabían a lo que se refería. Sabían que Él les llamaba para un compromiso de por vida. El académico y escritor Ray Vander Laan escribió: «*La decisión de seguir a un rabino como talmid suponía un compromiso totalmente diferente en el siglo primero que en la actualidad*». Jesús sigue ofreciendo esta increíble invitación. Desea que lo sigas. Quiere que seas devoto a Él como tu maestro, que desarrolles Su carácter y adquieras Sus prioridades en tu vida, y que te despliegues como Su agente de cambio en el mundo. Esta es la invitación para el discipulado.

TIEMPO PARA REFLEXIONAR

Explica con tus propias palabras a qué se refería Jesús cuando decía «*venid en pos de mí*».

_____

_____

_____

_____

_____

_____

_____

_____

_____

_____

_____

_____

¿Qué tendría que cambiar para que sigas a Jesús de esa manera en la actualidad?

_____

_____

_____

_____

_____

_____

_____

_____

_____

_____

_____

_____

TIEMPO PARA PRÁCTICA

Repasa el versículo de las Escrituras que debes memorizar esta semana.

«Y Jesús se acercó y les habló diciendo: Toda potestad me es dada en el cielo y en la tierra. Por tanto, id, y haced discípulos a todas las naciones, bautizándolos en el nombre del Padre, y del Hijo, y del Espíritu Santo; enseñándoles que guarden todas las cosas que os he mandado; y he aquí yo estoy con vosotros todos los días, hasta el fin del mundo. Amén.»
(MATEO 28,18-20)

Procede con la lectura de las Escrituras de *«La Biblia en un año»* para hoy.
Mientras lees no te olvides, que es importante que uno recuerda a los acrósticos **s.i.e.n.t.a.** y **o.r.a.r.**.
(Consulta el Apéndice para conocer más detalles.)

TIEMPO PARA ORAR

Agradece a Dios que te haya llamado a ti para que dediques tu vida a hacer discípulos..

TU DÍA PARA ORAR

Hoy no tienes ninguna lectura adicional. Dedica este día a pedirle a Dios que te inculque el irresistible deseo de ver a las personas llegar a la fe en Jesús. Dedica tiempo a la Palabra de Dios, escucha Su voz y ora fervientemente por tus amigos perdidos.

TIEMPO PARA REFLEXIONAR

Repasa la definición de discípulo. ¿Qué preguntas tienes?

_____

_____

_____

_____

_____

_____

_____

_____

_____

_____

_____

_____

_____

_____

¿En qué áreas crees que estás más preparado? ¿Y en cuáles menos?

_____

_____

_____

_____

_____

_____

_____

_____

_____

_____

_____

_____

TIEMPO PARA PRÁCTICA

Repasa el versículo de las Escrituras que debes memorizar esta semana.

«Y Jesús se acercó y les habló diciendo: Toda potestad me es dada en el cielo y en la tierra. Por tanto, id, y haced discípulos a todas las naciones, bautizándolos en el nombre del Padre, y del Hijo, y del Espíritu Santo; enseñándoles que guarden todas las cosas que os he mandado; y he aquí yo estoy con vosotros todos los días, hasta el fin del mundo. Amén.»
(MATEO 28,18-20)

Procede con la lectura de las Escrituras de *«La Biblia en un año»* para hoy.
Mientras lees no te olvides, que es importante que uno recuerda a los acrósticos **s.i.e.n.t.a.** y **o.r.a.r.**
(Consulta el Apéndice para conocer más detalles.)

PARA EL TRABAJO EN GRUPO

*Mi frase **«Voy a»**:*

En la línea de lo que acabo de estudiar, esta semana voy a poner en práctica lo siguiente:

_____

_____

_____

_____

_____

_____

_____

_____

_____

_____

_____

_____

_____

_____

_____

_____

_____

_____

_____

_____

_____

_____

_____

_____

HACER DISCÍPULOS COMO

JESÚS

SEMANA DOS ◀

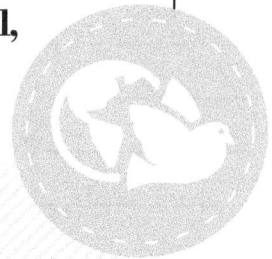

▶ **VERSÍCULO PARA MEMORIZAR**

«El que dice que permanece en él,
debe andar como él anduvo».

(1 JUAN 2,6)

MODELO DE JESÚS

Volvamos por un momento a la montaña en Galilea. Jesús está proclamando Su visión global a Sus discípulos. Les dijo: «...*Toda potestad me es dada en el cielo y en la tierra. Por tanto, id y haced discípulos a todas las naciones, bautizándolos en el nombre del Padre, y del Hijo, y del Espíritu Santo; enseñándoles que guarden todas las cosas que os he mandado; yo estoy con vosotros todos los días, hasta el fin del mundo. Amen»,* **(Mateo 28,18-20)**. Como ya hemos visto, en su visión se identifica el propósito de la iglesia: hacer discípulos. La iglesia existe para hacer discípulos. También se identifica en ella el proceso para llegar a hacer discípulos. Es algo increíble que sirve para apreciar la brillantez de Jesús. En una sola frase consigue resumir el producto y el proceso. «*¿Y cuál es el proceso?*» Jesús nos enseñó que para hacer discípulos hay que seguir cuatro pasos evidentes.

El primer paso es captar a exploradores espirituales con el Evangelio de Jesús. Como ya hemos visto, el evangelismo es el primer paso en el proceso de hacer discípulos. La primera instrucción que Jesús dio a sus hombres fue «*id y haced discípulos*». La palabra «*id*» expresa claramente: «*mientras van recorriendo lugares, hagan discípulos*». Mientras van haciendo su vida normal, su rutina diaria, hagan discípulos. El Evangelio en los primeros años de la iglesia fue difundido por relaciones personales. La palabra griega *oikos* aparece en repetidas ocasiones en el Nuevo Testamento. Se traduce como «*casa*», pero también se emplea con un sentido más amplio para incluir a la familia, amigos, compañeros de trabajo y vecinos. La iglesia en los primeros años creció rápidamente porque llevaron El Evangelio de Jesús a sus *oikos*. Cuando Jesús curó a un hombre poseído por demonios, le dijo que regresara y compartiera con su familia [oikos] la grandes cosas que El Señor hiso, **(Marcos 5,19)**. Cuando Zaqueo abrazó la fe en Cristo, Jesús declaró que la salvación había llegado a su casa [oikos], **(Lucas 19,9)**. Por tanto, el proceso para hacer discípulos comienza hablando a nuestras relaciones personales [oikos] sobre Jesús. Véase también **(Juan 1,40; 4,53; Marcos 2,14; Hechos 10,1-2; Hechos 16,14-15; 30-34)**.

El segundo paso del proceso es unir a los nuevos creyentes con una iglesia evangélica local. Jesús ordenó a los nuevos discípulos a bautizar «*en el nombre del Padre, del Hijo y del Espíritu Santo*». El bautismo no solo identifica a la persona como seguidor de Jesús, sino que también lo incluye en la nueva comunidad de creyentes en la iglesia donde esa persona puede crecer y alimentarse en la fe.

El tercer paso es hacer crecer a los discípulos enseñándoles a caminar con Dios. Jesús expresó que estos discípulos deben aprender a obedecerlo en todo momento. «*...enseñándoles que guarden (obedecer)* *todas las cosas que os he mandado...»* **(Mateo 28,20)**. En este paso, se enseña al discípulo a caminar con Dios por sí mismo, así como a empezar a desarrollar el carácter y las competencias de Jesús. **(1 Timoteo 4,7)** dice: *«...Ejercítate para la piedad»*. Pablo dijo que al igual que un atleta *«realiza un entrenamiento estricto»* para conseguir una corona temporal, el discípulo se impone disciplina para conseguir una recompensa eterna **(1 Corintios 9,25)**. Este esfuerzo de prepararse y entrenarse conlleva una disciplina. Conlleva aprender a leer la Palabra de Dios por uno mismo y a aprender a cultivar una relación personal con Jesús a través de la oración. Conlleva aprender a compartir tu fe y reflejar el amor de Dios a las personas que te rodean. Conlleva aprender a confiar en Jesús en todas las circunstancias de la vida y ponerlo en primer lugar en todo momento.

El cuarto y último paso no se especifica claramente en este pasaje, pero está implícito. Jesús dijo que el nuevo discípulo debe obedecer todo lo que Él le ordene, incluido el mandato de *«hacer discípulos»*. Jesús quería que Sus discípulos hicieran discípulos. Por tanto, el cuarto paso es dar a comisionar a este nuevo discípulo para que multiplique su vida en las vidas de los demás. Antes de morir, Jesús proclamó a sus hombres: *«En esto es glorificado mi Padre: en que llevéis mucho fruto y seáis así mis discípulos»* **(Juan 15,8)**. Las cosas que están maduras se multiplican. Una planta madura da fruto. Un animal maduro tiene descendencia. Y un seguidor maduro de Jesús multiplica discípulos. Eso fue lo que ocurrió en los primeros años de la iglesia. **(Hechos 6,7)** dice: *«Y crecía la palabra del Señor, y el número de los discípulos se multiplicaba grandemente en Jerusalén; también muchos de los sacerdotes obedecían a la fe.»* Es decir, Jesús nos dio un producto claro: hacer discípulos. También nos dio un proceso claro: captar exploradores, unirnos con los creyentes, hacer crecer a discípulos y salir a multiplicar. Asimismo, Jesús, nos hizo una promesa maravillosa. Básicamente, Jesús nos dijo: «Si te propones el objetivo de hacer discípulos, debes seguir el proceso de cuatro pasos que te he enseñado y yo estaré contigo. Siempre. Hasta el fin de los tiempos». Es una promesa increíble para ti y para mí. Cuando te comprometes a hacer discípulos del mismo modo que lo hizo Jesús, nunca te falta Su presencia o Su poder.

TIEMPO PARA REFLEXIONAR

¿Qué te llama más la atención sobre el proceso de Jesús para hacer discípulos?

_____

_____

_____

_____

_____

_____

¿Quiénes son las personas de tu *[oikos]*?

_____

_____

_____

_____

_____

_____

_____

TIEMPO PARA PRÁCTICA

Empieza memorizando tu versículo de la Escritura de la semana.

«El que dice que permanece en él, debe andar como él anduvo»
(1 JUAN 2,6).

Repasa tu frase «*Voy a*» de esta semana.

Procede con la lectura de las Escrituras de «*La Biblia en un año*» para hoy.
Mientras lees no te olvides, que es importante que uno recuerda a los acrósticos **s.i.e.n.t.a.** y **o.r.a.r.**.

TIEMPO PARA ORAR

Agradece a Dios que nos haya enviado a Jesús como modelo a seguir.

PASO A PASO

Ayer aprendiste que Jesús procedía de manera estratégica para hacer discípulos. Antes de analizar cómo Jesús lo ponía en práctica, voy a hacer unas observaciones sobre dicho proceso. En primer lugar, como ya habrás notado, se trata de un proceso lineal. La gente pasa de un paso a la siguiente a medida que maduran. Es la manera natural de crecer. Si observas un tallo de trigo, esta crece con un patrón predecible. Empieza con la semilla, sigue con la raíz, luego el tallo y finalmente los granos. Jesús conocía este proceso de crecimiento natural **(Marcos 4,28-29)**. Si miras a las personas, estas crecen físicamente con un patrón predecible también. Cuando nuestras hijas nacieron, todo empezó con una ecografía. Desde que estaban en el útero, los médicos iban midiendo cada fase de su crecimiento y desarrollo. Mi esposa tenía un libro con imágenes sobre el desarrollo del bebé en cada semana de embarazo. Después de cada nacimiento, las llevábamos al pediatra para las revisiones, donde volvían a medir sus percentiles de crecimiento. Cada persona es única, pero todas las personas crecen físicamente del mismo modo. Lo mismo ocurre en el ámbito espiritual. Cada persona es diferente, pero todos crecemos en la semejanza a Cristo del mismo modo, pasando por las mismas fases de madurez espiritual.

La segunda observación es que el proceso es una obra sobrenatural de Dios. No se puede obligar a nadie a crecer espiritualmente, al igual que no se puede obligar a crecer físicamente. El apóstol Pablo, hablando del crecimiento espiritual, dijo: **«Yo planté, Apolos regó; pero el crecimiento lo ha dado Dios. Así que ni el que planta es algo, ni el que riega, sino Dios, que da el crecimiento» (1 Corintios 3,6-7)**. En dos ocasiones manifiesta que es Dios quien provoca el crecimiento. Podemos plantar semillas de fe, pero únicamente Dios puede guiar un corazón hacia Él. Podemos invertir en la vida de una persona, pero únicamente el Espíritu Santo puede tomar esa inversión y promover la transformación. Podemos desafiar, modelar, dotar de recursos y pedir a las personas que multipliquen, pero únicamente Dios puede mover sus corazones para que vayan a hacer discípulos.

A los colosenses, Pablo escribió: **«a quien anunciamos, amonestando a todo hombre, y enseñando a todo hombre en toda sabiduría, a fin de presentar perfecto en Cristo Jesús a todo hombre; para lo cual también trabajo, luchando según la potencia de él, la cual actúa poderosamente en mí» (Colosenses 1,28-29)**. Pablo amonestó y enseñó. Era un trabajo extenuante. Sin embargo, todo lo que hizo fue movido por el poder y la energía del Espíritu de Cristo que trabajaban a través de él. En última instancia, todo depende de Dios, que convierte a las personas en **«nuevas creaturas (creaciones)»**,

(Filipenses 2,13; 2 Corintios 5,17), y dependemos completamente de que Él actúe y trabaje en los corazones de las personas. De hecho, nosotros tenemos que notar dónde está trabajando Dios y unirnos a Él, tal y como hizo Jesús. En **(Juan 5,17)** Jesús dijo: *«Mi Padre hasta ahora trabaja, y yo trabajo»*.

Por último, son los pastores y líderes quienes deben mantener el proceso de hacer discípulos como prioritario en la iglesia. Si Jesús nos ordenó hacer discípulos de esta manera, debemos hacerlo tal y como Él nos lo pidió. Un buen amigo mío suele decir: *«Jesús fundó la iglesia tal y como la quería, y ahora quiere que sea tal y como la fundó»*. No tenemos autoridad para desviarnos de lo que Jesús ha ordenado. Simplemente nos han pedido que cuidemos del rebaño con los motivos correctos bajo el liderazgo de Jesús, el *«Príncipe de los pastores»*, que va a regresar por Su iglesia **(1 Pedro 5,1-4)**.

TIEMPO PARA REFLEXIONAR

¿Cómo se mide el crecimiento espiritual?

_____

_____

_____

_____

_____

_____

_____

¿De qué maneras has notado que el Espíritu Santo te estaba haciendo crecer espiritualmente?

_____

_____

_____

_____

_____

_____

_____

TIEMPO PARA PRÁCTICA

Repasa el versículo de las Escrituras que debes memorizar esta semana.

«El que dice que permanece en él, debe andar como él anduvo»
(1 JUAN 2,6).

Repasa tu frase *«Voy a»* de esta semana.

Procede con la lectura de las Escrituras de *«La Biblia en un año»* para hoy.
Mientras lees no te olvides, que es importante que uno recuerda a los acrósticos **s.i.e.n.t.a.** y **o.r.a.r.**

TIEMPO PARA ORAR

Agradece a Dios que te haya guiado a lo largo de este proceso de crecimiento espiritual.

CAPTAR EXPLORADORES ESPIRITUALES

Un buen día, Jesús estaba sentado en una montaña contemplando el vasto Valle de Jezreel, que se extendía ante Él. Llevaba 18 años trabajando lealmente en el oficio de Su padre terrenal como carpintero. Como hijo primogénito, era Su deber mantener a la familia, pero mientras tanto se había ido preparando a conciencia para el día en que Su Padre celestial le diera la señal de que había llegado el momento de iniciar Su ministerio público. ¡Y hoy era ese día! Guiado por Su Padre, Jesús abandonó Su casa de Nazaret, al norte de Galilea, y recorrió un trayecto hacia el sur bordeando el valle del río Jordán, hasta Betábara, al otro lado del Jordán, al norte del Mar Muerto **(Juan 1,28)**. Allí, Jesús fue bautizado por su primo Juan y de inmediato fue guiado por el Espíritu al desierto para ser tentado durante 40 días **(Lucas 4,1-13)**. Cuando hubo finalizado su tiempo de prueba, Jesús regresó al lugar donde Juan se dedicaba a predicar y bautizar. Al verlo, Juan señaló a Jesús para que todo el mundo lo viera. *«¡He aquí el Cordero de Dios, que quita el pecado del mundo!»* **(Juan 1,29)**. Al día siguiente volvió a ocurrir. Juan señaló a Jesús y declaró: *«¡He aquí el Cordero de Dios!»* **(Juan 1,35)**.

En esta ocasión, dos de los seguidores de Juan se marcharon y empezaron a seguir a Jesús. Al notar que alguien estaba detrás de él, Jesús se giró y les preguntó: *«¿Qué buscáis?»* Estoy seguro de que esa pregunta tan directa de Jesús les pilló desprevenidos. Respondieron: *«Rabí (que traducido quiere decir Maestro), ¿dónde moras?»* Jesús les dijo: *«Venid y ved»* **(Juan 1,38-39)**. Ese día fue un punto de inflexión para esos hombres. Fue un momento determinante. Al final de ese día, ya estaban convencidos de que Jesús era el Cristo, el Mesías enviado por Dios. Uno de estos hombres, de nombre Andrés, halló rápidamente a su hermano Pedro y proclamó: *«¡Hemos hallado al Mesías!»* **(Juan 1,41-42)**. Al día siguiente, Jesús halló a Felipe, amigo de Andrés y Pedro, y le dijo que lo siguiera **(Juan 1,43)**. Entonces, Felipe halló a un amigo suyo, Natanael, y le dijo *«ven y ve»* a este tal Jesús **(Juan 1,46)**.

La mayoría de los eruditos cree que ese hombre sin identificar que acompañaba a Andrés y que fue de los primeros seguidores de Jesús era Juan, hijo de Zebedeo. En solo unos días, Jesús había encontrado a un puñado de hombres que lo buscaban con curiosidad. En los 18 meses siguientes, Jesús llevaría a estos hombres a una aventura real, algo totalmente distinto a lo que habían experimentado hasta ese momento. Lo siguieron a una boda de la familia, donde Jesús realizó Su primer milagro: transformar seis tinajas de agua en el mejor vino que habían probado jamás **(Juan 2,6-10)**. Cuando los hombres vieron esto, creyeron en Jesús **(Juan 2,11)**. Pero verían mucho más que eso en poco tiempo. Siguieron a Jesús hasta Jerusalén para la Pascua y observaron con asombro cómo Jesús esparció las monedas de los cambistas y volcó las mesas de las casas de cambio y se enfrentaba a los fariseos en el Templo **(Juan 2,13-22)**.

Se asombraron cuando Jesús hablo de *«nacer de nuevo»* a Nicodemo, un poderoso e influyente líder religioso. Escucharon aquello de «Porque de tal manera amó Dios al mundo que ha dado a su Hijo...» **(Juan 3,3-16)**. Siguieron nerviosos a Jesús al territorio prohibido de los samaritanos y vieron cómo Jesús convertía una conversación casual con una mujer en el pozo de Jacob en un encuentro que le cambiaría la vida. Cuando ella regresó a la ciudad, empezó a decir a los hombres: *«Venid, ved a un hombre que me ha dicho todo cuanto he hecho. ¿No será este el Cristo?»* **(Juan 4,29)**. Vieron como Jesús curaba milagrosamente al hijo de un oficial romano solo con palabras **(Juan 4,50)**. Fueron testigos del rechazo que sufrió Jesús por parte de Su propia ciudad, que se negaba a creer que Él fuera el Cristo, y que incluso trató de quitarle la vida **(Lucas 4,28-30)**. Durante año y medio, estos hombres vieron a Jesús decir *«ven y ve»* a todo tipo de persona que se pueda imaginar: buscadores y escépticos, élites religiosas y marginados, personas desesperadas y de corazón endurecido. Jesús les decía a todos *«ven y ve»* para que entendieran Sus afirmaciones y encontraran respuestas a sus dudas espirituales.

El primer paso a la hora de hacer discípulos es **ALCANZAR** intencionadamente a aquellas personas alejadas de Dios, tanto religiosas como no religiosas. No es suficiente difundir el mensaje del Evangelio, es necesario invertir en las personas de tal manera que evalúen las afirmaciones de Jesús y las apliquen a su vida espiritual.

Una vez, observe a hombres parados en una esquina de la calle. Me di cuenta de que estaban gritando versículos de la Biblia mientras sostenían la Biblia en el aire. Casi todos los que pasaban por allí evitaban a estos hombres. Pero eso no pareció molestar a los predicadores. Simplemente seguían gritando versículos de la Biblia. Estoy seguro de que la intención de esos hombres era buena, pero no es así como Jesús se acercaba a las personas. Él acudía donde estaba la gente. Les sacaba conversación. Abordaba sus necesidades concretas y, en ocasiones, incluso los confronto sobre su pecado. Les daba tiempo para procesar lo que les estaba diciendo.

Jesús pasó un año y medio de Su ministerio con Sus primeros discípulos captando exploradores espirituales. Este fue el primer paso y casi la mitad de todo el ministerio de tres años de Jesús. Este fue un momento crítico para esos discípulos. Estaban tratando de absorber todo lo que aprendían acerca de Jesús. La gente reaccionaba de distintas maneras a Jesús: algunos lo amaban, otros lo odiaban; algunos sentían atracción, otros se sentían confundidos... pero ninguno lo ignoraba. Para poder hacer discípulos, es necesario alcanzar a las personas que necesitan a Jesús e invitarlas *«ven y ve»*.

TIEMPO PARA REFLEXIONAR

¿Qué te ha llamado más la atención sobre la manera de Jesús para captar personas?

_____
_____
_____
_____
_____
_____
_____
_____
_____
_____
_____

¿Cómo harías tú para captar a personas que no conocen a Cristo?

_____
_____
_____
_____
_____
_____
_____
_____
_____
_____
_____
_____

TIEMPO PARA PRÁCTICA

Repasa el versículo de las Escrituras que debes memorizar esta semana.

«El que dice que permanece en él, debe andar como él anduvo»
(1 JUAN 2,6).

Repasa tu frase *«Voy a»* de esta semana.

Procede con la lectura de las Escrituras de *«La Biblia en un año»* para hoy.
Mientras lees no te olvides, que es importante que uno recuerda a los acrósticos **s.i.e.n.t.a.** y **o.r.a.r.**.

TIEMPO PARA ORAR

Pide al Señor que te ayude a sensibilizarte con las personas a tu alrededor que exploran.

UNIR CREYENTES

La segunda fase del proceso de hacer discípulos de Jesús era la llamada al compromiso para **UNIR** a estas personas con otros creyentes. Tras ser rechazado en Nazaret, Jesús trasladó la base de operaciones de Su ministerio a Cafarnaúm, una próspera ciudad en la costa noroeste de Galilea. En esa época, Juan Bautista fue arrestado por Herodes Antipas, dejando sin líder a la multitud que lo seguía. Jesús llenó ese vacío de liderazgo y empezó a predicar a las masas que habían estado siguiendo a Juan. También empezó a predicar el sencillo mensaje «*arrepentíos y creed*» **(Mateo 4,12-17; Marcos 1,15)**. Fue también en este periodo cuando Jesús empezó a reunir un pequeño grupo de líderes emergentes.

Un día, mientras Jesús caminaba a lo largo del mar de Galilea, vio a Pedro y Juan preparando sus redes de pesca. Les llamó y les dijo: «*Venid en pos de mí, y os haré pescadores de hombres*». Ellos lo dejaron todo y siguieron a Jesús. Siguió caminando algo más y vio a Jacobo y Juan trabajando con su padre, Zebedeo, en los botes de pesca. Los llamó a ellos también, y lo dejaron todo para seguir a Jesús **(Mateo 4,18-22)**. Lo que ocurrió allí fue algo muy importante. Hasta ese momento, estos hombres habían estado siguiendo a Jesús, pero no habían hecho un compromiso con Él que les cambiara la vida. Le habían observado, escuchado, se habían asombrado con Él durante el último año y medio, pero no se habían comprometido plenamente con Él. Sus vidas no se habían visto demasiado alteradas, pero eso estaba a punto de cambiar. Jesús les conminó a «*seguirlo*».

Cuando Jesús les decía «*seguidme*», les estaba pidiendo un compromiso con Él. Les estaba pidiendo que dejaran la vida que habían conocido para seguirlo. Jesús les pedía que confiaran en Él para su sustento, que confiaran en Él para guiarlos, y que confiaran en Él para utilizarlos para un propósito mayor. Él dijo «*seguidme*», y ellos lo siguieron. Desde ese momento se les consideraba discípulos de Jesús. Se les identificaba públicamente con Jesús. Vivían en comunidad los unos con los otros. Se unieron a Jesús en Su ministerio. En los seis a nueve meses siguientes, siguieron de cerca a Jesús mientras viajaba, predicaba y curaba. Jesús hacía todas las tareas importantes del ministerio, pero ellos estaban a Su lado para ayudarlo y cuidar de Él. Vieron cómo Jesús expulsaba al demonio de un hombre **(Marcos 1,21-28)** y curaba a la suegra de Pedro, así como a miles de personas que se agolpaban pidiendo ayuda a Jesús **(Lucas 4,38-41)**.

Mientras pescaban, soltaron las redes a la orden de Jesús y vieron cómo realizaba el milagro de atrapar la mayor cantidad de peces que jamás habían visto, demostrando así que era más que capaz de ocuparse de sus necesidades **(Lucas 5,1-11)**. Vieron a Jesús curar a leprosos **(Lucas 5,12-16)**, sanar a los paralíticos **(Lucas 5,17-26)**, alcanzar a los publicanos **(Lucas 5,27-32)** y discutir con los legalistas religiosos que ponían el cumplimiento de la ley por delante de las personas **(Lucas 5,33-39; 6,1-5)**. También escucharon a Jesús pronunciar audaces declaraciones sobre sí mismo, como: *«Porque el Padre ama al Hijo y le muestra todas las cosas que él hace; y mayores obras que éstas le mostrará, de modo que vosotros os maravilléis. Porque como el Padre levanta a los muertos y les da vida, así también el Hijo a los que quiere da vida»* **(Juan 5,20-21)**. Así como *«De cierto, de cierto os digo: El que oye mi palabra, y cree al que me envió, tiene vida eterna; y no vendrá a condenación, más ha pasado de muerte a vida»* **(Juan 5,24)**.

Para poder crecer espiritualmente, no basta como conocer quién es Jesús; es necesario llegar a un compromiso. ¿Qué tipo de compromiso? En pocas palabras, Jesús quiere que te comprometas a unirte. En estos pasajes hemos aprendido que Jesús invitaba a Sus seguidores a unirse en cuatro uniones vitales.

Unirte con Cristo. Jesús invitó a estos hombres a seguirlo. Los curiosos no pueden seguir siéndolo eternamente. En algún momento debe decidir si merece la pena seguir a Jesús s o no. Seguir a Jesús implica haber escuchado el Evangelio y tomar la decisión de seguirlo arrepintiéndose de sus pecados y depositando su fe únicamente en Jesús. Solo los seguidores de Jesús pueden ser Sus discípulos.

Unirte con una iglesia local a través del bautismo. Jesús nunca invitó a las personas a seguirlo en secreto. Invitó a estos hombres a identificarse públicamente con Él. Esto es precisamente lo que hacían estos discípulos. Dejaron sus redes y dijeron: *«voy a hacer pública mi decisión de seguir a Jesús. De ahora en adelante, todo el que me rodea sabrá que sigo a Jesús»*. Una vez que alguien decidía seguir a Jesús, el siguiente paso era hacerlo público tomando la decisión de bautizarse. El bautismo es un modo de decir a los demás que ahora sigues a Jesús y de unirse con la familia de la iglesia local.

Unirte con otros creyentes en comunidad. Estos discípulos no solo optaron por seguir a Jesús e identificarse públicamente con Él, sino también por hacer vida junto a Él. Pasaban tiempo juntos, viajaban juntos y comían juntos. Aprendían juntos y solucionaban sus problemas y discrepancias juntos. Optaron por la comunidad. En la actualidad, esto es lo que pasa cuando te unes a un grupo de tu iglesia. En un grupo pequeño es donde podrás unir a otros creyentes. Podéis aprender los unos de los otros, compartir vuestras cargas y celebrar juntos las alegrías de la vida. Aprendéis a preocuparos los unos por los otros y a orar juntos. Estoy convencido de que el crecimiento espiritual fluye mejor en grupos, y Jesús pensaría de manera similar, pues reunió a Sus primeros discípulos en un grupo.

Unirte con la causa de Jesús. Desde el primer momento, estos discípulos empezaron a participar en todo lo que Jesús hacía. Obviamente, se limitaban a observar y ayudar en la mayoría de ocasiones, pero estaban comprometidos con la misión. Se ensuciaban las manos en el ministerio. Estaban implicados. Contribuían con su tiempo, talento y posesiones a la causa de Cristo. Hoy, cuando llegues a la fe en

Jesús, te identifiques con Él mediante el bautismo y te unas a un grupo, querrás empezar a implicarte. Y puedes hacerlo sirviendo de algún modo. Dios te ha dotado de talentos y capacidades que desea que utilices en Su ministerio. También puedes unirte a la causa aportando económicamente al Reino, como a tu iglesia local y otros ministerios para el discipulado. Cuando aportas y sirves, estás haciendo avanzar la causa de Cristo.

TIEMPO PARA REFLEXIONAR

¿Cuáles son las cuatro uniones vitales que debe establecer todo creyente?

_____

_____

_____

_____

_____

_____

¿Qué tal te va en estos cuatro formas?

_____

_____

_____

_____

_____

_____

_____

_____

_____

_____

_____

TIEMPO PARA PRÁCTICA

Repasa el versículo de las Escrituras que debes memorizar esta semana.

«El que dice que permanece en él, debe andar como él anduvo»
(1 JUAN 2,6).

Repasa tu frase *«Voy a»* de esta semana.

Procede con la lectura de las Escrituras de *«La Biblia en un año»* para hoy.
Mientras lees no te olvides, que es importante que uno recuerda a los acrósticos **s.i.e.n.t.a.** y **o.r.a.r.**.

TIEMPO PARA ORAR

Da las gracias al Señor por tu iglesia y la comunidad de creyentes que te rodea.

HACER CRECER A DISCÍPULOS

El tercer paso del proceso para hacer discípulos de Jesús era **ENTRENAR A NUEVOS CREYENTES** para ser y crear discípulos. A estas alturas del ministerio de Jesús, el número de seguidores crecía de manera incontrolable. **(Marcos 3,7-8)** dice que una «*gran multitud*» siguió a Jesús desde Galilea, Judea y Jerusalén, e incluso desde más allá de la frontera de Israel, como Tiro y Sidón. Muchedumbres desesperadas por curarse se agolpaban para tocar a Jesús, y los demonios salían de los poseídos a la orden de Jesús. Jesús sabía que había llegado el momento de llevar a Su equipo de liderazgo a un nivel más alto. Estuvo toda la noche orando **(Lucas 6,12)**, y por la mañana llamó a doce hombres a su lado para designarlos como apóstoles. Marcos explica con detalle por qué llamó Jesús a estos hombres. «*Y estableció a doce, para que estuviesen con él, y para enviarlos a predicar,*» **(Marcos 3,14)**. Las palabras clave son «*para que estuviesen con él*». Así era el programa de entrenamiento para el liderazgo de Jesús.

A partir de ese momento, pasó el cuádruple de tiempo con estos doce apóstoles que con cualquier otra persona. Es evidente que eran Su prioridad. En los seis a nueve meses siguientes, Jesús enseñó a Sus discípulos lo que significaba formar parte del Reino de Dios. La primera invitación de Jesús fue «*venid y ved*». Su segunda invitación fue «*seguidme*». Su tercera invitación fue «*venid y quedaos conmigo*». Se trataba de una invitación para que aprendieran a caminar como Jesús.

Cuanto más estudio este periodo del ministerio de Jesús, más claro tengo que el Reino de Dios fue el tema predilecto de Jesús. Es como si enseñar sobre el Reino (la regla y soberanía de Dios en las vidas de las personas) fuera el programa académico de Jesús para hacer discípulos. Inmediatamente después de elegir a sus doce líderes, Jesús los sentó y empezó a hablarles del Reino en lo que hoy conocemos como el «sermón de la montaña». Jesús les aleccionó sobre el carácter de aquellos en el Reino de los Cielos **(Mateo 5,1-12)**, la influencia de aquellos en el Reino **(Mateo 5,13-16)**, la moralidad de aquellos en el Reino **(Mateo 5,17-48)** y las prácticas espirituales de aquellos en el Reino **(Mateo 6,1-24)**. Les enseñó cómo funcionaba la confianza, el perdón y el juicio en el Reino **(Mateo 6,25-7.27)**.

Después del sermón, Jesús les explicó cómo entra una persona en el Reino de Dios. A pesar de su pasado, aquellos que ponen su fe y confianza en Cristo, son aceptados en el Reino. Sin embargo, aquellos que rechazan a Jesús, a pesar de su historial religioso, se quedan fuera del Reino. Jesús se asombró con la inquebrantable fe de un centurión romano **(Lucas 7,1-10)** y la humildad de una mujer pecadora **(Lucas**

7,36-50). Sin embargo, Jesús se sintió entristecido por la falta de fe en las comunidades judías de Corozaín y Betsaida **(Mateo 11,20-30)**, y la falta de corazón de los líderes religiosos que siempre buscaban una señal **(Marcos 3,20-30; Mateo 12,38-45)**.

Mientras tanto, Jesús predicaba que aquellos que entraran en el Reino tendrían una nueva familia, la familia de Dios **(Lucas 8,19-21)**. Asimismo, Jesús enseñaba acerca del Reino de Dios valiéndose de parábolas. Con historias sobre terrenos y semillas **(Lucas 8,5-18)**, cizaña y trigo **(Mateo 13,24-30)**, levadura y harina **(Mateo 13,33-35)**, tesoros y perlas **(Mateo 13,44-46)**, Jesús ilustraba como es la vida en el Reino de los Cielos.

Jesús demostraba también el poder del Reino sobre las fuerzas terrenales. Demostró Su poder sobre los elementos naturales calmando la tormenta **(Lucas 8,22-25)**. Demostró Su poder sobre los demonios curando los endemoniados de la tierra de los gadarenos **(Lucas 8,26-39)**. Demostró Su poder sobre las enfermedades curando a una mujer enferma **(Lucas 8,43-48)**, y Su poder sobre la muerte resucitando a una hija muerta **(Lucas 8,40-43; 49-56)**. Con todo ello, Jesús estaba preparando a Sus discípulos para hacer lo que Él hacía. Después de aproximadamente seis a nueve meses, Sus discípulos ya estaban preparados para volar solos. Los envió por parejas a los distintos pueblos a predicar sobre el arrepentimiento, y les dio poder sobre los espíritus malignos **(Mateo 11,1; Lucas 9,6)**. Cuando regresaban, le contaban cómo había transcurrido todo **(Lucas 9,10; Marcos 6,30)**. Estaba enseñando intencionalmente a estos hombres a reproducirse.

Para poder hacer discípulos es necesario estar preparado. Es igual que cuando un soldado ingresa al ejército: inmediatamente se le adoctrina en una nueva cultura. El Ejército corta el pelo a los nuevos reclutas, les cambia la ropa y redefine su nueva familia. Sin embargo, imagina qué ocurriría si después de ese adoctrinamiento se enviara al nuevo recluta al frente de batalla sin formación alguna para disparar un arma o sobrevivir a un combate a fuego. Ese chico no duraría demasiado. Por desgracia, eso es lo que muchas iglesias hacen con los nuevos creyentes.

Celebramos su nueva fe en Jesús. Les aceptamos en la iglesia. Les damos una Biblia y les enseñamos algunos cantos de alabanza, pero nunca les enseñamos a caminar con Dios por su cuenta. No les formamos en los fundamentos básicos de la oración: estudiar la Biblia, compartir su fe, perdonar, amar y caminar en el Espíritu. No les enseñamos a confiar en Jesús en medio de una tormenta, ni a combatir la duda y el desaliento con la verdad. No es de extrañar que la tasa de abandono sea tan alta en la iglesia. Jesús entrenó a sus hombres con un propósito, y nosotros debemos hacer lo mismo. Cuando orientes a un nuevo creyente a lo largo de esta «Un Estudio De Crecimiento Espiritual» en tres libros, le estarás enseñando a caminar con Dios, a alcanzar su mundo y a invertir su vida en unos pocos. Le estarás desarrollando tanto en el carácter como en las competencias de Jesús. El resultado será un discípulo que no dependerá de nadie más para alimentarse; podrá alimentarse por sí mismo. Ya no será un niño, sino un adulto maduro en la fe; alguien fuerte, puesto a prueba, estable y capaz de enseñar a otros a hacer lo mismo.

TIEMPO PARA REFLEXIONAR

Explica con tus propias palabras por qué es importante entrenar a nuevos creyentes.

_____
_____
_____
_____
_____
_____
_____
_____
_____
_____
_____

¿Quiénes son las personas que te enseñaron a caminar con Dios?

_____
_____
_____
_____
_____
_____
_____
_____
_____
_____
_____

TIEMPO PARA PRÁCTICA

Repasa el versículo de las Escrituras que debes memorizar esta semana.

«El que dice que permanece en él, debe andar como él anduvo»
(1 JUAN 2,6).

Repasa tu frase *«Voy a»* de esta semana.

Procede con la lectura de las Escrituras de *«La Biblia en un año»* para hoy.
Mientras lees no te olvides, que es importante que uno recuerda a los acrósticos **s.i.e.n.t.a.** y **o.r.a.r.**.

TIEMPO PARA ORAR

Pide al Señor que te ayude a enseñar a otros a caminar con Dios y alcanzar sus mundo.

ID Y MULTIPLICA

El última paso de la estrategia de creación de discípulos de Jesús era la **MULTIPLICACIÓN**. En este momento de Su ministerio, llevó a Sus discípulos a una ciudad remota en el extremo norte de Israel, en la base del monte Hermón, Cesarea de Filipo. La región de Cesarea de Filipo tenía un largo historial de culto pagano que se remontaba a los tiempos de Abraham. Incluso hoy en día pueden verse los restos de los antiguos altares rituales de Baal, con milenios de antigüedad. En la época de Jesús, la ciudad estaba plagada de cultos paganos, especialmente el culto a Pan: una criatura mitad cabra, mitad hombre que promovía todo tipo de desviaciones sexuales. Cuenta la leyenda que era tan aterrador que incluso hoy en día mencionamos su nombre cuando decimos que alguien tiene pánico. En esa ciudad se construyeron grandes templos en su honor, junto con otros templos paganos para los dioses griegos y romanos. La ciudad estaba plagada de idolatría e inmoralidad. También en la ciudad había una enorme cueva de la que emanaban las turbulentas aguas del monte Hermón que desembocaban en el norte del río Jordán. Por aquel entonces, muchos creían que esa cueva era la puerta de entrada al Hades, «*el submundo*».

Cuando Jesús estaba allí con Sus discípulos, les formuló una pregunta. «*¿Quién dice la gente que soy yo?*» **(Lucas 9,18)**. Los discípulos le hablaron de la opinión popular que había de Él. «*Y ellos dijeron: Unos, Juan el Bautista; y otros, a Elías; y otros, Jeremías o alguno de los profetas. Él les dijo: Y vosotros, ¿quién decís que soy yo? Respondió Simón Pedro y dijo: ¡Tú eres el Cristo, el Hijo del Dios viviente!*» **(Mateo 16,14-16)**. «*Entonces le respondió Jesús: Bienaventurado eres, Simón, hijo de Jonás, porque no te lo reveló carne ni sangre, sino mi Padre que está en los cielos. Y yo también te digo, que tú eres Pedro, y sobre esta roca edificaré mi iglesia; y las puertas del Hades no prevalecerán contra ella*» **(Mateo 16,17-18)**. Jesús les estaba diciendo que no importaba el mal que vieran en el mundo, ya fuera físico o espiritual, Herodes o Pan: la iglesia que Jesús estaba fundando siempre prevalecería. Hoy en día se pueden visitar las ruinas de los santuarios de Pan; no son más que un montón de piedras. Puedes ir a visitar las antiguas ruinas del palacio de Herodes, ¡pero la iglesia de Jesucristo está viva y boyante!

A partir de ese momento, Jesús empezó a fijar Su mira en la ciudad de Jerusalén **(Lucas 9,51)**, y en el sufrimiento que padecería en la cruz. Predijo con precisión en tres ocasiones la muerte que le esperaba en Jerusalén **(Lucas 9,22; 43; 18,31)**. Conminó a Sus hombres a estar preparados para sufrir por el Reino de Dios. Les dijo: «*Y decía a todos: Si alguno quiere venir en pos de mí, niéguese a sí mismo, tome su cruz cada día, y sígame. Porque todo el que quiera salvar su vida, la perderá; y todo el que pierda su vida por causa de mí, este la salvará. Pues ¿qué aprovecha al hombre,* *si gana todo el mundo, y se destruye o se pierde a sí mismo? Porque el que se avergonzare de mí y de mis palabras, de este se avergonzará el Hijo del Hombre cuando venga en su gloria, y en la del Padre, y de los santos ángeles»* **(Lucas 9,23-26)**. En pocas palabras, lo que Jesús decía era: *«Si optáis por venir detrás de mí, debéis renunciar a vuestro egoísmo, tomar la cruz del sacrificio y seguirme»*. Jesús era consciente de que el Reino de Dios no avanzaría sin la abnegación y el sacrificio.

De camino a Jerusalén, un discípulo potencial se acercó a Jesús y le dijo: **«Yendo ellos, uno le dijo en el camino: Señor, te seguiré adondequiera que vayas. Y le dijo Jesús: Las zorras tienen guaridas, y las aves de los cielos nidos; mas el Hijo del Hombre no tiene dónde recostar la cabeza. Y dijo a otro: Sígueme. Él le dijo: Señor, déjame que primero vaya y entierre a mi padre. Jesús le dijo: Deja que los muertos entierren a sus muertos; y tú ve, y anuncia el reino de Dios. Entonces también dijo otro: Te seguiré, Señor; pero déjame que me despida primero de los que están en mi casa. Y Jesús le dijo: Ninguno que poniendo su mano en el arado mira hacia atrás, es apto para el reino de Dios»** **(Lucas 9,57-62)**. Jesús estaba llamando al sacrificio.

En otra ocasión, Jesús habló del costo del discipulado: Proclamó: **«Si alguno viene a mí, y no aborrece a su padre, y madre, y mujer, e hijos, y hermanos, y hermanas, y aun también su propia vida, no puede ser mi discípulo. Y el que no lleva su cruz y viene en pos de mí, no puede ser mi discípulo. … Así, pues, cualquiera de vosotros que no renuncia a todo lo que posee, no puede ser mi discípulo»** **(Lucas 14,26-27;33)**. Poco después, Jesús designó a otros 70 discípulos para que fueran a predicar antes de Su llegada a las regiones de Perea y Judea. Los 12 habían pasado a ser 70. Cuando regresaron para informar de todo lo que Dios había hecho a través de ellos, Jesús se regocijó **(Lucas 10,21)**. Esta es la única parte de las Escrituras donde vemos a Jesús regocijarse. ¿Qué fue lo que dio a Jesús tanto regocijo? Ver que los hombres que Él había formado se multiplicaban y predicaban el Evangelio. Veía que se multiplicaban hasta una cuarta generación: de Jesús a los doce, luego a los 70, y finalmente a las masas. Estaba viendo el comienzo de un movimiento de multiplicación.

La noche en la que fue traicionado, Jesús caminaba por un viñedo en la ladera del monte de los Olivos. Mientras caminaba, probablemente tomó un racimo de uvas y dijo: **«Yo soy la vid, vosotros los pámpanos; el que permanece en mí, y yo en él, este lleva mucho fruto; porque separados de mí nada podéis hacer. El que en mí no permanece, será echado fuera como pámpano, y se secará; y los recogen, y los echan en el fuego, y arden. Si permanecéis en mí, y mis palabras permanecen en vosotros, pedid todo lo que queréis, y os será hecho. En esto es glorificado mi Padre, en que llevéis mucho fruto, y seáis así mis discípulos»** **(Juan 15,5-8)**.

Jesús se dio cuenta de que algún día Sus discípulos darían un fruto duradero. Un día, pondrían en marcha un movimiento de multiplicación que no podría detenerse. La multiplicación sigue siendo lo que Jesús quiere de aquellos que lo siguen. Quiere que multipliques tu vida. Quiere que invites a otras personas a conocer a Jesús e inviertas en ellas para que crezcan en Jesús. Ninguna otra cosa es más estimulante ni más satisfactoria. Pero son pocos los seguidores que multiplican realmente sus vidas en otros. ¿Por qué? Porque este tipo de multiplicación acarrea un costo elevado. Requiere sacrificio. Requiere abnegación. Incluso requiere sufrimiento. Sin embargo, los hombres y mujeres que conocen a Jesús y están comprometidos con la multiplicación a cualquier coste, son realmente imparables.

La iglesia en los primeros días creció rápidamente porque los discípulos habían sido entrenados por Jesús para multiplicar **(Hechos 6,7)**. ¿Y tú? ¿Estás notando cómo Dios multiplica tu vida? Jesús empezó con la simple invitación de *«venid y ved»*. Más tarde, les conminó a comprometerse diciendo *«seguidme»*. A aquellos que seguían a Jesús les dijo *«venid y quedaos conmigo»* para que Él pudiera enseñarles a caminar con Dios. Pero he aquí la invitación final: *«venid detrás de mí y dad fruto»*. Esta es la gran aventura. Cuando caminamos con Jesús, incluso en los momentos difíciles, y multiplicamos nuestras vidas es cuando realmente glorificamos a Dios y dejamos un legado duradero.

TIEMPO PARA REFLEXIONAR

¿Cómo reaccionas a la llamada de Jesús al sacrificio?

_____

_____

_____

_____

_____

_____

¿Cómo puedes multiplicar tu vida hoy?

_____

_____

_____

_____

_____

_____

_____

_____

_____

_____

TIEMPO PARA PRÁCTICA

Repasa el versículo de las Escrituras que debes memorizar esta semana.

«El que dice que permanece en él, debe andar como él anduvo»
(1 JUAN 2,6).

Repasa tu frase «*Voy a*» de esta semana.

Procede con la lectura de las Escrituras de *«La Biblia en un año»* para hoy.
Mientras lees no te olvides, que es importante que uno recuerda a los acrósticos **s.i.e.n.t.a.** y **o.r.a.r.**.

TIEMPO PARA ORAR

Pide a Dios que te utilice para crear un movimiento de multiplicación.

TU DÍA PARA ORAR

Hoy no tienes ninguna lectura adicional. Dedica tiempo a la Palabra de Dios, escucha Su voz y ora fervientemente por tus amigos perdidos.

TIEMPO PARA REFLEXIONAR

¿Cuál es el proceso de cuatro pasos de Jesús para hacer discípulos?

_____
_____
_____
_____
_____
_____

¿Qué preguntas tienes al repasar esta semana?

_____
_____
_____
_____
_____
_____

¿En qué paso del proceso te encuentras ahora mismo? ¿Cuál es tu siguiente paso?

_____

_____

_____

_____

_____

_____

_____

_____

_____

TIEMPO PARA PRÁCTICA

Repasa el versículo de las Escrituras que debes memorizar esta semana.

«El que dice que permanece en él, debe andar como él anduvo»
(1 JUAN 2,6).

Repasa tu frase «*Voy a*» de esta semana.

Procede con la lectura de las Escrituras de *«La Biblia en un año»* para hoy.
Mientras lees no te olvides, que es importante que uno recuerda a los acrósticos **s.i.e.n.t.a.** y **o.r.a.r.**.

PARA EL TRABAJO EN GRUPO

Mi frase **«Voy a»**:

En la línea de lo que acabo de estudiar, esta semana voy a poner en práctica lo siguiente:

_____

_____

_____

_____

_____

_____

_____

_____

_____

_____

_____

_____

_____

_____

_____

_____

_____

_____

_____

_____

_____

_____

_____

_____

_____

_____

_____

EL LLAMADO A
SEGUIR

SEMANA TRES

VERSÍCULO PARA MEMORIZAR

«Lo que has oído de mí
ante muchos testigos, esto
encarga a hombres fieles que
sean idóneos para enseñar
también a otros»

(2 TIMOTEO 2,2)

¿A QUIÉN DEBES DISCIPULAR?

Ahora que ya conoces bastante bien el producto y el proceso para hacer discípulos, es el momento de poner en práctica lo aprendido. ¿Cómo se hace un discípulo? ¿Por dónde se empieza? Probablemente nunca hayas invertido tu vida en otra persona. Seguramente no sepas cómo empezar. Si es así, no te preocupes. Dios te está preparando en estos momentos para realizar una inversión duradera en la vida de una persona que va a dar lugar a su crecimiento espiritual. Estás a punto de presenciar cómo Dios actúa a través de ti de un modo poderoso para desarrollar a otra persona.

Pero ¿cómo se elige a la persona adecuada? Saber elegir es muy importante. No querrás elegir a una persona que no vaya a comprometerse a realizar el proceso. ¿Y cómo se elige entonces? En primer lugar, te recomiendo que no busques a la persona más religiosa que puedas encontrar. En ocasiones, los mejores discípulos suelen mostrarse reacios al principio. Recuerda cómo eligió Jesús a los doce apóstoles. Desde luego, no eran los más brillantes ni los más destacados de su generación. Lo más probable es que estos hombres fueran ignorados o rechazados por los líderes religiosos de la época. Eran hombres normales. Así que no dejes que el exterior te desaliente. Debemos analizar el ejemplo de Jesús y hacer lo que Él hizo. He aquí algunas cosas que aprendimos de Jesús:

En primer lugar, orar. La noche antes de que Jesús eligiera a los doce hombres en los que invertiría Su vida, la dedicó a la oración (**Lucas 6,12-13**). Estoy convencido de que Jesús oró para que Su Padre le indicará a quién debía elegir. De modo que debemos empezar con la oración. Recuerdo que un hombre me dijo: «*Craig, tú solo pide a Dios que te indique a una persona. Cuando Dios te la señale, vierte tu vida en el*». Es un gran consejo. Cuando era un joven pastor, empecé a orar para que Dios me señalara a un discípulo. Una tarde de domingo, un joven a quien nunca había visto entró en nuestra iglesia. Se llamaba Gibson. Era joven y acababa de terminar la universidad. Nos conocimos en el vestíbulo, y sentí un enorme deseo de pasar más tiempo con él. Poco después, le pregunté si le gustaría unirse a otros jóvenes para leer la Biblia, orar y crecer espiritualmente. De inmediato respondió «*¡sí!*» En los meses siguientes me reuní frecuentemente con estos jóvenes para estudiar la Biblia y orar. Invertí mi vida en las suyas y todos ellos empezaron a crecer.

Años más tarde, Gibson se incorporó a nuestro equipo de la iglesia, nos ayudó a impulsar un nuevo campus y acabó fundando una iglesia en Filadelfia. Un día estábamos hablando sobre aquel primer encuentro en el vestíbulo, y le dije que había estado orando para encontrar un joven para discipular. Me respondió: «*Yo también había estado orando. Pasé con el coche junto a la iglesia y sentí que el Espíritu de Dios me decía que entrara. Fue entonces cuando te conocí*». Ambos nos quedamos asombrados. Yo oraba para encontrar un joven para discipular y Dios me lo trajo. Estoy convencido de que si empiezas a orar para que Dios te encuentre una persona para discipular, Él lo hará.

En segundo lugar, busca a personas con intereses espirituales. Cuando Jesús oraba para saber a quién elegir, optó por hombres que ya habían mostrado intereses espirituales. A fin de cuentas, fueron Andrés y Juan quienes se acercaron a Él al principio **(Juan 1,39)**. Había pasado Su tiempo con estos dos hombres durante casi dos años. Había observado cómo se comportaban, conocía sus corazones, y eligió a hombres dispuestos a crecer. Cuando el apóstol Pablo eligió a Timoteo, se dio cuenta de que este tenía una buena reputación y estaba dispuesto a crecer **(Hechos 16,1-3)**. Los mejores discípulos son aquellos en quienes ya está actuando el Espíritu de Dios, dándoles el hambre por las cosas espirituales. En nuestra iglesia llamamos a estas personas *«palomitas»*. Al igual que las palomitas de maíz, cuando la temperatura espiritual es la adecuada, son los primeros en explotar. Tienen la luz espiritual encendida. Suelen acudir a la iglesia. Formulan interesantes preguntas espirituales. Aplican aquello que aprenden. Son honestos con sus dificultades. Son alegres y agradecen todo lo que Jesús ha hecho por ellos. Buscan la verdad de Dios en sus vidas. Responden a la instrucción espiritual. En lugar de poner excusas para no crecer espiritualmente, estas personas están ansiosas, listas, dispuestas y rápidas a la hora de responder. Mira a tu alrededor. Pide a Dios que te muestra a aquellas personas listas y dispuestas para crecer.

En tercer lugar, busca a personas F.D.E.: FIELES, DISPUESTAS y ENSEÑABLES. Pablo le dijo a Timoteo que invirtiera su tiempo en *«hombres fieles que sean idóneos para enseñar también a otros»* **(2 Timoteo 2,2)**. Elige a personas que sean fieles para hacer aquello que les estás enseñando. No es recomendable dedicar tiempo a personas que no cumplan fielmente con lo que se les ha encomendado. Por eso Pablo instó a Timoteo a que buscara hombres fieles. Jesús eligió a hombres fieles. Elige también a personas que estén dispuestas, que saquen tiempo en sus apretadas agendas para reunirse para tu entrenamiento. Llevo muchos años haciendo discípulos y he visto a hombres fieles y con ganas, pero no estaban dispuestos. Tienen demasiadas necesidades; demasiadas distracciones en su vida como para crecer. Jesús decía que estas personas son como la semilla que se planta entre las espinas. Escuchan la Palabra y empiezan a crecer, *«pero los afanes de este siglo, y el engaño de las riquezas, y las codicias de otras cosas, entran y ahogan la palabra, y se hace infructuosa»* **(Marcos 4,19)**. Por ello, nunca llegan a dar fruto duradero en sus vidas. Selecciona a personas que sean enseñables. No elijas a alguien que sea argumentativo o que sea dado a la crítica, sino a alguien que sea enseñable y dispuesto a escuchar. En estos años he descubierto que las personas que se ajustan a esta descripción son aquellas que asimilan rápidamente lo que les digo y lo llevan a la práctica.

Por último, no temas tener como discípulo a alguien mayor que tú. He notado que mucha gente es reacia a tener como discípulo a alguien mayor que ellos. Me dicen: «¿Qué puedo ofrecer yo a alguien que debería estar enseñándome a mí?» Pero recuerda, la madurez espiritual y la madurez física pueden ser muy diferentes. Si Dios te ha acercado a personas a tu vida para que te enseñen a caminar con Dios, ¿por qué vas a privar esto a otras personas? Timoteo era un joven pastor, pero fue llamado a invertir en hombres fieles. No te fijes en la edad de tu discípulo. Fíjate únicamente en el corazón de esa persona. Si él tiene ganas y responde, si es fiel, dispuesto y enseñable, vierte tu vida en él. ¡No se sabe lo que Dios puede hacer con una persona así!

TIEMPO PARA REFLEXIONAR

¿Qué características debes buscar en un posible discípulo?

_____

_____

_____

_____

_____

_____

_____

_____

_____

Escribe los nombres de varias personas que encajen en esta descripción.

_____

_____

_____

_____

_____

_____

_____

_____

_____

_____

TIEMPO PARA PRÁCTICA

Empieza memorizando el versículo de la Escritura de la semana.

«Lo que has oído de mí ante muchos testigos,
esto encarga a hombres fieles que sean idóneos para enseñar también a otros»
(2 TIMOTEO 2,2)

Repasa tu frase *«Voy a»* de esta semana.

Procede con la lectura de las Escrituras de *«La Biblia en un año»* para hoy.
Mientras lees no te olvides, que es importante que uno recuerda a los acrósticos **s.i.e.n.t.a.** y **o.r.a.r..**

Esta semana, ora para que Dios te muestre a dos o tres personas
para que se unan contigo en un nuevo *«Grupo de Crecimiento Espiritual»* que dirigirás.

TIEMPO PARA ORAR

Pide a Dios que te muestre a quien debes discipular.

PRESENTAR LA VISIÓN

Ahora que Dios haya enviado alguien para discipular, usted tiene que pedirle a esa persona que comience a reunirse contigo y con otros para comenzar sus crecimientos espirituales. A estas reuniones las llamamos *«Grupos de Crecimiento Espiritual»*. Como ya sabrás, el libro que estás leyendo es el tercero de una trilogía que lleva por nombre *«Un Estudio de Crecimiento Espiritual»*. Estos tres libros se han diseñado para ayudarte a invertir en los demás para que puedan crecer en la semejanza a Cristo. Al fin y al cabo, ese es el plan de Dios para todos nosotros. **(Romanos 8,29)** dice: *«Porque a los que antes conoció, también predestinó para que fuesen hechos conforme a la imagen de su Hijo.»* Desde el momento en que Dios te eligió, decidió moldearte y diseñarte día a día en la semejanza a Jesús. Por eso Juan escribió: *«El que dice que permanece en él, debe andar como él anduvo»* **(1 Juan 2,6)**. ¿Cómo se lleva esa conversación con un posible discípulo? El mejor ejemplo sigue siendo Jesús. Veamos cómo presentó Su visión del discipulado.

> *«Andando Jesús junto al mar de Galilea, vio a dos hermanos, Simón, llamado Pedro, y Andrés su hermano, que echaban la red en el mar; porque eran pescadores. Y les dijo: Venid en pos de mí, y os haré pescadores de hombres. Ellos entonces, dejando al instante las redes, le siguieron»* **(Mateo 4,18-20)**.

Se aprecia a primera vista que era Jesús quien tomaba la iniciativa. Él se acercaba a las personas. En un principio, Andrés y Juan tomaron la iniciativa buscando a Jesús para resolver sus preguntas espirituales. Mostraron ser dispuestos y enseñables. Sin embargo, en el momento de invitar a estos hombres a una relación de discipulado, fue Jesús quien tomó la iniciativa. Es decir, debes ser tú quien se acerque. Cuando veas a una persona dispuesta y lista, acércate tú y no esperes a que se acerque a ti. Cuando te acerques, te recomiendo que elijas el lugar adecuado. Reúnete con esa persona en un lugar cómodo. Jesús habló con estos hombres en su lugar de trabajo, en la orilla del Mar de Galilea. Era un lugar donde ellos se sentían cómodos.

Quizá podrías invitar a tu amigo a comer en un restaurante, o bien a tomar café en un local que conozcas. Debe ser un territorio neutral donde se sienta cómodo. Elige también el momento correcto. Jesús no trató de entablar esa conversación en medio de su jornada laboral. Estos hombres llevaban toda la noche pescando. Se acercó cuando habían terminado de pescar y estaban recogiendo las redes y preparando las cosas para la jornada siguiente. Del mismo, modo, elige un momento en el que esta persona esté más receptiva. Si él está muy ocupado entre semana, trata de quedar con él al fin de semana. Si él está muy cansado por la noche, intenta quedar por la mañana. Prueba por decir algo del tipo: *«Mientras oraba por alguien que para discipular*

Dios me dio tu nombre, y me encantaría reunirme contigo. ¿Qué momento te vendría mejor?» Deja que elija el momento y el lugar.

Una vez que estéis juntos, empieza averiguando qué lugar ocupa Dios en la vida de esa persona. Haz preguntas del tipo: *«¿Qué tal va todo en tu vida ahora mismo? ¿Qué preocupaciones tienes? ¿En qué puedo orar por ti?»* Preguntas como estas te ayudarán a conocer mejor a esta persona y demostrar que te preocupas realmente por su bienestar. Más tarde, puedes desviar la conversación hacia el discipulado. Puedes decir algo como: *«quería reunirme contigo hoy porque Dios me ha estado enseñando algo últimamente que me ha hecho pensar en ti».* Así tendrás su atención. Saca un trozo de papel y escribe cuatro palabras: *«Explorar», «Unir», «Crecer» y «Multiplicar»,* en la parte de arriba.

Explícale que estos son los cuatro pasos que siguió Jesús para hacer unos discípulos que cambiaron el mundo. El paso de *«Explorar»* es aquel donde la persona explora las proclamas de Cristo y busca resolver sus preguntas espirituales. El paso de *«Unir»* es aquel en la que una persona se une a Cristo en la salvación, se une a una iglesia y empieza a servir de alguna manera. El paso de *«Crecer»* es aquel donde la persona se reúne con un grupo reducido de personas para crecer espiritualmente. Finalmente, el paso de *«Multiplicar»* es aquel donde una persona empieza a invertir su vida en los demás para ayudarles a crecer. Una vez que hayas explicado el plan de Jesús, puedes contar tu propia historia. Háblale de cuando estabas explorando y cuéntale cómo era tu vida antes de conocer a Jesús. Luego, explícale brevemente cómo uniste a Cristo en la salvación y cómo uniste con la iglesia. Luego dígales cómo Jesús a cambiado tu vida como resultado de la inversión de alguien que te guio en un *«Grupo de Crecimiento Espiritual».* Finalmente, háblale de tu deseo de invertir en su vida, al igual que otros han invertido en ti. Puedes preguntarle: *«¿Alguien ha invertido alguna vez en tu vida para ayudarte a crecer en ese sentido?»* Este es un buen momento para que te hable de sus avances en su crecimiento espiritual. Si él nunca discipulado, explícale que el siguiente paso es la etapa de Crecer.

En este momento, debes preguntarle: *«¿Querrías orar para unirte a mí y otras personas en un 'Grupo de Crecimiento Espiritual'?»* Es importante dejar bien claro lo que le estás pidiendo. Cuando le pidas que se una a tu grupo, explícale lo que conlleva. Infórmale de que os reuniréis una vez a la semana durante siete semanas. Explícale que el grupo fijará una hora que les venga bien a todos. En las primeras siete semanas va a recibir consejos prácticos para caminar con Dios de un modo profundo y personal.

Una vez que hayas comunicado los detalles prácticos, es el momento de presentar la visión. Eso es lo que hizo Jesús de un modo tan poderoso. Ese día, junto al Mar de Galilea, Jesús hizo que entregaran su vida a una pequeña visión. Durante toda su vida, estos hombres sólo habían soñado con pescar, ganar un sustento para sus familias y hacer lo que sus padres habían hecho antes que ellos. Sin embargo, Jesús tenía una visión más importante. Ya no seguirían dedicando su vida únicamente a pescar peces; desde ese momento, ¡iban a pescar personas! Sus vidas iban a adquirir una dimensión más crucial. Dios les iba a utilizar para impulsar un movimiento que cambiaría el mundo. ¡Esta es la visión que debes presentar! Puedes decir algo del tipo: *«Estoy convencido de que Dios tiene un plan para nuestras vidas mejor que el nuestro propio. A menudo tenemos una visión muy reducida para nuestra vida: tener éxito en el trabajo, poseer cosas caras, ser felices, acudir a la iglesia. Pero estas cosas son temporales y demasiado insignificantes. Dios tiene una visión más grande para nuestras vidas. Dios desea que caminemos con Él de un modo profundo y personal. Dios* desea que alcancemos nuestro mundo y ayudemos a la gente a conocer a Cristo. Y Dios desea utilizarnos para invertir en unas pocas personas que cambien el mundo». Es importante que expliques estas cosas con tus propias palabras, pero la clave está en presentar la visión de algo mucho más grande de lo que están experimentando en la actualidad. Todo el mundo tiene en su interior el potencial de conseguir grandes cosas. En ocasiones, Dios utiliza de un modo increíble a las personas que menos cabría esperar. Por ello, presenta la visión y deja que el Espíritu de Dios los lleve a ese siguiente paso. Después de presentar la visión, ofréceles un paso siguiente muy claro. Puedes decir: «Quiero que ores acerca de esto en los próximos días, y después te llamaré para que me cuentes lo que has reflexionado». No es necesario que tome una decisión en ese momento. De hecho, Jesús dijo que es importante calcular los gastos (Lucas 14,28). Termina orando y dile que te pondrás en contacto en él en los próximos días. Si esa persona está dispuesta a iniciarse, define un lugar y una hora para vuestra primera reunión. Este primer encuentro es muy emocionante, pero también puede ser intimidante. Pero escúchame: no te corresponde a ti convencer a nadie para que sea tu discípulo; tu única responsabilidad es ofrecerle la oportunidad de serlo. La decisión final es suya. Tú no eres responsable de su respuesta. Solo eres responsable de estar a su disposición. Si Dios está actuando en esa persona guiándolo al siguiente paso, estará dispuesta. Si no es así, sabrás que no es el momento adecuado. Sea como sea, Dios te utilizará en la vida de esa persona para animarla a crecer.

TIEMPO PARA REFLEXIONAR

¿Qué te llama más la atención sobre esta primera reunión?

_____

_____

_____

_____

_____

_____

¿Cuál crees que sería la parte más complicada de esta reunión?

_____

_____

_____

_____

_____

Mira los nombres de las personas que escribiste ayer porque serían buenos candidatos
para ser discípulos. ¿Con quién te reunirías en primer lugar?

_____

_____

_____

_____

_____

TIEMPO PARA PRÁCTICA

Repasa el versículo de las Escrituras que debes memorizar esta semana.

**«Lo que has oído de mí ante muchos testigos,
esto encarga a hombres fieles que sean idóneos para enseñar también a otros»
(2 TIMOTEO 2,2)**

Repasa tu frase «Voy a» de esta semana.

Procede con la lectura de las Escrituras de «La Biblia en un año» para hoy.
Mientras lees no te olvides, que es importante que uno recuerda a los acrósticos **s.i.e.n.t.a.** y **o.r.a.r.**.

Esta semana, ora para que Dios te muestre a dos o tres personas
para que se unan contigo en un nuevo «Grupo de Crecimiento Espiritual» que dirigirás.

TIEMPO PARA ORAR

Agradece al Señor que te haya dado la visión de hacer discípulos.

¿POR QUÉ EN GRUPOS?

Ahora que ya has tenido conversaciones individuales con posibles discípulos, es el momento de reunirlos a todos en un grupo. Hace unos años hubo cierto debate entre los maestros sobre si el discipulado debía llevarse a cabo uno a uno o en el contexto de un grupo. Tenemos argumentos muy sólidos en ambas corrientes, y sinceramente, cualquiera de las dos es aceptable. He hecho discípulos de uno en uno y también en grupo. Lo que importa de verdad es que inviertas en la vida de otra persona. Dicho esto, considero que el entorno óptimo para hacer discípulos es un grupo reducido de tres o cuatro personas.

Si leemos las Escrituras, es evidente que Dios hace cosas asombrosas en grupos. Incluso el propio Dios existe en el contexto de un grupo, la Trinidad del Padre, el Hijo y el Espíritu Santo **(Génesis 1,26)**. Cuando Dios creó al hombre, no lo hizo para que estuviera aislado, sino en comunidad, declarando abiertamente que *«no es bueno que el hombre esté solo»* **(Génesis 2,18)**. Dios lo puso en el primer grupo, una familia, donde pudiera crecer y desarrollarse. Si echamos un vistazo al Antiguo Testamento, vemos que Dios suele actuar a través de grupos. Cuando Dios instó a Abraham a viajar desde su ciudad natal hasta la tierra de Canaán, eligió a un grupo reducido de personas para que lo acompañara: su esposa Sara y su sobrino Lot, junto con varios siervos. Cuando Dios eligió a Moisés para liberar a los israelitas de su esclavitud, eligió a un grupo reducido de tres líderes, que eran su hermano Aarón y su hermana Miriam. Cuando Dios decidió conquistar la tierra prometida a Israel, acudió a Josué y Caleb para que marcaran el camino. Dios rodeó a Noé de tres hijos. Dios rodeó al rey David de sus hombres valientes.

Si leemos las Escrituras desde la perspectiva de los grupos, empezamos a verlos por todas partes. Lo mismo ocurre con la vida de Jesús. Cuando Cristo llegó para impulsar un movimiento, lo hizo a través de un grupo. Eligió a tres para su núcleo más íntimo - Pedro, Jacobo y Juan, pero invirtió personalmente en 12. Posteriormente, estos hombres se convirtieron en el grupo líder de la iglesia primitiva que se encargaba para la toma de decisiones **(Hechos 15,6)**, tal y como les indicó Jesús **(Mateo 18,16)**. El apóstol Pablo solía viajar en grupo cuando iba a fundar iglesias. Parece que su círculo íntimo estaba formado por hombres como Lucas, Timoteo, Tito, Bernabé, Silas y Marcos. A menudo, cuando Pablo fundaba una iglesia designaba a ancianos para dirigirla **(Hechos 14,23; Tito 1,5)**, y se reunían habitualmente en grupos **(Hechos 2,46)**.

Si analizamos al Evangelio, vemos que el principio dominante de que Dios hace grandes cosas a través de pequeños grupos. Lo mismo ha ocurrido a lo largo de la historia de la iglesia. Hombres como San

Patricio en Irlanda y John Wesley en Inglaterra se valieron de grupos reducidos para transformar a personas y culturas. Hoy en día, muchas de las iglesias más grandes del mundo están estructuradas en torno a grupos reducidos.

¿Por qué son tan importantes los grupos para hacer discípulos? El rey Salomón, el sabio rey de Israel e hijo del rey David, responde a esta pregunta. En **(Eclesiastés 4,9-12)**, dice a las claras que *«mejores son dos que uno»*. En otras palabras, que la vida es mejor cuando se comparte. ¿Por qué? Nos da cuatro motivos:

En primer lugar, trabajamos mejor juntos. *«**Mejores son dos que uno, porque tienen mejor paga por su trabajo**»* **(Eclesiastés 4,9)**. Al igual que un equipo aborda mejor un proyecto cuando trabaja unido, nosotros servimos mejor a Dios en grupos pequeños. Cuando tu grupo empiece a reunirse, trabajaréis juntos para aprender como caminar con Dios, alcanzar vuestro mundo e invertir tu vida en unos pocos. Pronto descubriréis que, a diferencia de servir a Dios en solitario, existe una poderosa sinergia en un grupo.

En segundo lugar, aprendemos mejor juntos. Salomón prosigue: *«**Porque si cayeren, el uno levantará a su compañero; pero ¡ay del solo! que cuando cayere, no habrá segundo que lo levante**»* **(Eclesiastés 4,10)**. En tiempos ancestrales, los pastores que trabajaban juntos podían ayudarse entre sí, especialmente cuando alguno caía por un uadi empinado o un pozo oculto. Necesitaban a alguien que les pudiera ayudar. Del mismo modo, nos ayudamos unos a otros a aprender y crecer en un grupo. Seguramente las personas de tu grupo no caigan físicamente en un agujero, pero sí pueden caer en el desánimo. Pueden caer en malas decisiones. Pueden tropezar en el pecado. Pueden caer presas de una relación tóxica. Y es en esos momentos cuando necesitamos a gente alrededor que nos ayude. Aprendemos mejor a través de las reflexiones de los demás sobre las Escrituras. Aprendemos mejor a través de la rendición de cuentas y el aliento mutuos. Aprendemos mejor con la sabiduría y la oración colectivas.

En tercer lugar, Salomón dice que experimentamos juntos el sentimiento de comunidad: *«**También si dos durmieren juntos, se calentarán mutuamente; mas ¿cómo se calentará uno solo?**»* **(Eclesiastés 4,11)**. Los pastores por sí solos se pueden congelar en la fría noche del desierto, pero dos pueden mantenerse calientes. En vuestro grupo notarás el calor de la comunidad, un vínculo que se forjará a lo largo de vuestro tiempo juntos y que durará años. Cuando veo a algún discípulo que tuve años atrás, seguimos teniendo una relación estrecha de amistad, y es porque experimentamos la comunidad juntos en nuestro *«Grupo de Crecimiento Espiritual»*.

Por último, somos más fuertes juntos. Salomón dice: *«**Y si alguno prevaleciere contra uno, dos le resistirán; y cordón de tres dobleces no se rompe pronto**»* **(Eclesiastés 4,12)**. Cuando empieces a invertir en otras personas, Satanás se llevará un buen disgusto. El apóstol Pablo nos advierte que no debemos luchar contra la carne y la sangre, sino contra *«...**sino contra principados, contra potestades, contra los gobernadores de las tinieblas de este siglo...**»* **(Efesios 6,12)**. En vuestro proceso de seguir a Jesús y crecer para llegar a ser como Él, vuestro grupo experimentará una guerra espiritual. Os asaltarán las tentaciones. Surgirán conflictos. Los horarios se vuelven abrumadores. Todo ello son cosas que nos distraen de lo único que Jesús nos ha encomendado: hacer discípulos. ¿Cómo podemos enfrentarnos a esa batalla y salir vencedores? Luchando juntos. Cuando oramos juntos, confesamos nuestros pecados juntos y nos alentamos los unos a los otros, salimos más fuertes. Al igual que los soldados romanos se cubrían entre ellos con sus escudos y luchaban juntos para derrotar al enemigo, vuestro grupo verá como Dios responde de un modo poderoso cuando lucháis codo con codo.

Me gustaría decir algo sobre la separación por género en los grupos. Aunque en las iglesias se suelen reunir grupos de hombres y mujeres juntos para alentarse y crear comunidad, creo firmemente que en los «Grupos de Crecimiento Espiritual» los hombres deben estar separados de las mujeres para la multiplicación espiritual. ¿Por qué? Así era el modelo de Jesús. Aunque Jesús contaba con hombres y mujeres entre sus seguidores, optó siempre por invertir personalmente en hombres. Si observamos las instrucciones que da Pablo a Tito, él instruía específicamente a las mujeres para enseñar a las mujeres y a los hombres para enseñar a los hombres **(Tito 2,1-6)**. Los grupos separados por género crean un entorno más abierto y transparente, de mayor comprensión y rendición de cuentas que un grupo mixto. Asimismo, los grupos separados por género te permiten abordar las dificultades propias de cada género por separado. Por estos motivos, es importante que en los «Grupos de Crecimiento Espiritual» estén los hombres con los hombres y las mujeres con las mujeres.

TIEMPO PARA REFLEXIONAR

¿Estás de acuerdo con esta frase? «El entorno óptimo para hacer discípulos es
un grupo reducido de tres o cuatro personas». Justifica tu respuesta.

_____

_____

_____

_____

_____

_____

_____

_____

_____

_____

_____

_____

¿Por qué crees que Dios opta por emplear grupos?

_____
_____
_____
_____
_____
_____
_____
_____
_____
_____
_____
_____
_____

¿Cómo ha empleado Dios a un grupo de personas para ayudarte a crecer?

_____
_____
_____
_____
_____
_____
_____
_____
_____
_____
_____
_____
_____
_____

TIEMPO PARA PRÁCTICA

Repasa el versículo de las Escrituras que debes memorizar esta semana.

«Lo que has oído de mí ante muchos testigos,
esto encarga a hombres fieles que sean idóneos para enseñar también a otros»
(2 TIMOTEO 2,2)

Repasa tu frase *«Voy a»* de esta semana.

Procede con la lectura de las Escrituras de *«La Biblia en un año»* para hoy.
Mientras lees no te olvides, que es importante que uno recuerda a los acrósticos **s.i.e.n.t.a.** y **o.r.a.r.**.

Esta semana, ora para que Dios te muestre a dos o tres personas
para que se unan contigo en un nuevo *«Grupo de Crecimiento Espiritual»* que dirigirás.

TIEMPO PARA ORAR

Empieza a orar por el grupo que Dios te va a dar.

EL PRIMER ENCUENTRO

Se dice que no hay una segunda oportunidad para crear una primera impresión. Si eso es aplicable a la vida, también lo es en tu primer encuentro del grupo. Hasta ahora, has estado orando para decidir a quién incluir en tu grupo. Has tenido encuentros individuales con cada uno, les has presentado la visión del discipulado y les has invitado a asistir al grupo. Ahora es el momento de celebrar vuestro primer encuentro. ¡Qué emoción! Todo el mundo acude a este encuentro con ciertas expectativas y algo de ansiedad. Si las personas de vuestro grupo nunca se han conocido antes, será el comienzo de sus construcciones de relaciones entre sí. No olvides esto: lo que hagas en ese primer encuentro establecerá el tono para todo de tu tiempo junto. Este primer encuentro debe ser un momento positivo, alegre y estimulante para el grupo, y para ello debes estar preparado. Voy a compartir contigo lo que debes hacer antes del primer encuentro y cómo dirigirla para que sea una experiencia extraordinaria.

ANTES DEL PRIMER ENCUENTRO
A estas alturas, ya habrás elegido una hora y un lugar para el primer encuentro, y lo habrás comunicado claramente al grupo. Procura que el lugar donde os reunáis sea propicio para el debate en grupo. Un restaurante bullicioso y una oficina llena de gente no son el mejor entorno. Procura que sea un lugar donde podáis hablar y orar juntos sin que os interrumpan. Es posible que debas preparar el lugar donde os vais a reunir. Suele ser recomendable tener algo para beber y quizá algún tentempié a mano. Es curioso cómo una taza de café o un refresco pueden relajar a las personas. Siempre viene bien contactar con cada persona antes del encuentro para asegurarte de que saben exactamente el lugar y la hora del encuentro. ¡Nunca asuma que todos recuerdan esta información! No es importante que el grupo traiga nada al primer encuentro. Solo tienen que traer el corazón abierto y una actitud enseñable.

Como parte de tu preparación para el encuentro, necesitas obtener copias de «Camina con Dios» para cada miembro del grupo. Además, trae una tarjeta en blanco y una pluma o un lápiz para cada miembro del grupo escriba su versículo para memorizar.

DURANTE EL PRIMER ENCUENTRO
Cuando estéis ya todos, dedicad los primeros minutos a conoceros. Esta parte es importante, así que no apures la parte relacional para empezar a tratar el contenido. Una vez que todos estén allí y se hayan asentado, di «Muy bien comencemos» y haz que se sienten de manera que puedan verse la cara una del

otro. Agradece a todos que hayan sacado tiempo para reunirse, y hazles saber que estás contento de estar con ellos. Diles que has estado orando por cada uno de ellos y pidiendo a Dios que haga un trabajo especial en sus vidas. Luego guíe a cada miembro del grupo para que se abra sobre sí mismo. He aquí un punto clave: no pidas nunca al grupo que hagan algo que tú no hayas hecho antes. Empieza hablando un poco sobre ti. Dedica unos dos o tres minutos a compartir cierta información básica, como a qué te dedicas, algo sobre tu familia y lo que esperas de este grupo. A continuación, anima a cada uno de ellos a que haga lo mismo.

No necesitan contar su historia de salvación en este momento, ya que harán la semana que viene. Manténgalo algo ligero y sencillo. Tras dedicar unos 15 minutos a escuchar la información de cada persona, puedes pasar al libro. Dale un libro a cada persona y recoge el dinero necesario.

Pasa al índice y repasa brevemente los siete temas que se van a abarcar en los próximos siete semanas. Este es un buen momento para darles una visión general de lo que aprenderán. Seguidamente, pide a alguno de ellos que lea en alto la sección «Cómo Utilizar Este Libro». Explica que el libro está dividido en lecturas diarias con preguntas al final de cada jornada, un versículo de las Escrituras para memorizar cada semana y una reunión de grupo cada semana. Explica que deben completar las lecturas y preguntas de cada semana antes de asistir al encuentro del grupo.

A continuación, lee la sección «Memorizar las Escrituras». No tengas prisa con esta parte. Para la mayoría de la gente, memorizar las Escrituras es algo abrumador, así que tómatelo con calma. Dales a todos una tarjeta en blanco y una pluma o un lápiz. Muéstreles a escribir el pasaje de las Escrituras en un lado y la referencia del versículo en el otro. De hecho, anota el versículo de las Escrituras que deberán memorizar esta semana. Enséñales cómo memorizar versículos de las Escrituras. Será algo sencillo para algunos y abrumador para otros, así que hazlo despacio para que todos puedan seguirte. Anímales a hacerlo lo mejor que puedan, y diles que estás seguro de que podrán hacerlo.

Ahora, llévales hasta la sección Compromiso «Voy a». Este es el momento en el que se comprometen con el discipulado y con el grupo. Pídeles que dediquen un momento a reflexionar sobre los compromisos. Si están dispuestos a asumir el desafío, marcan las casillas en el compromiso. Parte de este compromiso es reclutar a un compañero de oración dentro del grupo, así que ayúdales a emparejarse.

Por último, es conveniente definir las expectativas para el grupo. Anímelos a elegir una hora y lugar para sus lecturas diarias. Indíqueles que comiencen hoy o mañana para poder completar los siete días de trabajo, las siete lecturas diarias leídas, las preguntas respondidas y los versículos memorizados, antes del próximo encuentro. Ayúdales a identificar las barreras que podrían encontrarse y cómo superarlas. Diles que estarás orando por ellos. Asegúrales que cuando lean y memoricen la Palabra de Dios, Él estará actuando en sus vidas. Cuando termines, pide a cada uno que se arrodille para orar por ellos. Pide al Señor que hable a sus corazones y llene sus mentes con Su Palabra. Pide al Señor que les proteja y les acompañe. Ora para que tengan los corazones abiertos y reciban todo cuanto el Señor tiene para ellos. Antes de irte, no olvides anotar su información de contacto y elegir una forma de mantener el contacto durante la semana.

TIEMPO PARA REFLEXIONAR

¿Qué te ha llamado más la atención sobre la forma de llevar el primer encuentro del grupo?

_____
_____
_____
_____
_____
_____
_____
_____
_____
_____
_____

¿Tienes alguna pregunta al respecto?

_____
_____
_____
_____
_____
_____
_____
_____
_____
_____
_____

TIEMPO PARA PRÁCTICA

Repasa el versículo de las Escrituras que debes memorizar esta semana.

«Lo que has oído de mí ante muchos testigos,
esto encarga a hombres fieles que sean idóneos para enseñar también a otros»
(2 TIMOTEO 2,2)

Repasa tu frase *«Voy a»* de esta semana.

Procede con la lectura de las Escrituras de *«La Biblia en un año»* para hoy.
Mientras lees no te olvides, que es importante que uno recuerda a los acrósticos **s.i.e.n.t.a.** y **o.r.a.r.**

Esta semana, ora para que Dios te muestre a dos o tres personas
para que se unan contigo en un nuevo *«Grupo de Crecimiento Espiritual»* que dirigirás.

TIEMPO PARA ORAR

Pide a Dios que prepare tu corazón para reunirte con un posible discípulo.

SACAR TIEMPO PARA LO MÁS IMPORTANTE

Hace años vi una ilustración que se me quedó grabada. A una mujer le daban un jarrón de cristal grande y varias piedras de distintos tamaños y arena. Le pedían que metiera todas las piedras en el jarrón. Al ver cómo intentaba meter todas las piedras, era evidente que se trataba de una tarea más complicada de lo que parecía. Lo intentó de muchas maneras, pero aún le quedaban piedras en la mesa. Entonces, el instructor le pidió que vaciara el jarrón y lo intentara de nuevo, esta vez metiendo primero las piedras grandes, luego las pequeñas, y por último la arena. Sorprendentemente, consiguió meter todas las piedras en el jarrón. Entonces explicaron la lección. En muchos sentidos, nuestra vida es como este jarrón. Tiene capacidad para hacer cosas buenas, pero esta es limitada. Solo disponemos de un número determinado de horas en el día y un número determinado de días en el año. Tenemos capacidad, pero no es ilimitada. Las piedras y la arena representan las diversas tareas y prioridades que demandan nuestra atención. Las piedras grandes son las cosas más importantes, como el trabajo y la familia. Las piedras pequeñas son prioridades menos importantes, y la arena representa las cosas triviales que son necesarias cada día, pero no demasiado importantes en el gran esquema de la vida.

El desafío es hacer todo lo que se espera de nosotros dentro del tiempo que tenemos. Si pones todo al azar en tu agenda, lo más probable es que dejemos algo fuera. Nuestra familia no recibirá lo mejor de nosotros. Nuestro trabajo se verá resentido. No completaremos nuestra lista de tareas. Y, por supuesto, el tiempo para hacer discípulos desaparecerá. Pero si nos organizamos para meter primero las piedras grandes en nuestra vida, haciendo hueco en nuestra agenda para las cosas que más importan, y luego metemos el resto alrededor de ellas, podremos lograr todas esas cosas que Dios espera de nosotros. Cuando hablo con personas que hacen discípulos con éxito año tras año, observo que todos ellos han convertido el discipulado en una piedra grande en sus vidas. Hacer discípulos no es algo que dejen para su tiempo libre. Se trata de una prioridad y ocupa un puesto principal en su agenda semanal. Si queremos hacer discípulos que hagan discípulos a su vez, debemos convertirlo en una prioridad en nuestra vida. Así lo hizo Jesús. Durante Su ministerio, dio prioridad a invertir Su vida en unos pocos. A mitad de Su ministerio público, Jesús pasaba el cuádruple de tiempo con unos pocos que con el resto de la gente. Aunque la multitud demandaba constantemente Su tiempo, Él optó por invertir intencionada y estratégicamente Su vida en unos pocos que pudieran multiplicar. Pensarás, *«¿y cómo voy a hacerlo? ¡Estoy muy ocupado!»* He aquí algunas sugerencias:

Haz un inventario de tu agenda. El hombre que me discípulo me dio dos palabras clave que me han ayudado a organizar la agenda. Me dijo: «Craig, debes *eliminar las cosas que no son muy importantes para poder concentrarte en lo que de verdad importa*». Eliminar y concentrar. Echa un vistazo a tu agenda. ¿Cuánto tiempo pierdes en cosas que no son importantes y que no tendrán valor para la eternidad? ¿Qué cosas se pueden eliminar de tu vida? ¿Cómo puedes concentrar tu tiempo y ser más productivo?

Readapta el tiempo que ya tienes. Mucha gente suele decir: «*Estoy demasiado ocupado para hacer discípulos*». Yo les suelo preguntar: «¿*Has comido hoy?*» «*Sí*», me responden. «¿*Cuántas veces has comido?*» «*Tres veces*», me dicen. A continuación, les digo: «*Si comes tres veces al día, tienes al menos tres oportunidades cada día para hacer discípulos*». ¿Qué te parece si dedicas una hora de comer a la semana - una comida de 21 - al Señor para comer con alguien y hacer discípulos? Cuando empieces a analizar el tiempo que empleas, te sorprenderá ver que hay muchas maneras de readaptar tu tiempo para hacer discípulos.

Organiza una cita. Normalmente, organizamos citas para las cosas que importan de verdad. Si estamos enfermos, pedimos cita con el médico. Si necesitamos ayuda legal, pedimos cita con el abogado. Lo que más importa se marca en nuestro calendario como una cita. Entonces, ¿por qué no organizas una cita con tu grupo para hacer discípulos? Es tan importante como cualquier otra cita que tengas apuntada. Cuando inicio un grupo, marco una cita para los encuentros de ese grupo. Es posible que me reúna por la mañana temprano con un grupo antes de ir a trabajar. Es mi primera cita de la mañana para ese día. Lo marco. Ya está en mi calendario. En otras ocasiones, el grupo puede reunirse en sábado, y esto se convierte en una cita por la duración del estudio. Saca tiempo para hacer discípulos organizando citas y manteniéndolas.

Sé flexible y creativo. Muchas veces, tus discípulos tienen una agenda cambiante y flexible. No te niegues a ser flexible y creativo. Una vez, tenía de discípulo a un piloto cuya agenda cambiaba cada semana en función de sus vuelos. Teníamos que cambiar nuestros encuentros cada semana, pero mantuvimos el compromiso de seguir viéndonos. En otra ocasión, tuve de discípulo a un golfista profesional que viajaba constantemente durante la temporada. Nos reuníamos en grupo y hacíamos video llamada todas las semanas. La tecnología nos permite comunicarnos de un modo creativo e innovador. No dejes que la imposibilidad de reuniros habitualmente te impida invertir en la vida de alguien.

Al fin y al cabo, hacer discípulos es una cuestión de corazón. Jesús proclamó: «***Porque donde esté vuestro tesoro, allí estará también vuestro corazón***» **(Mateo 6,21)**. Nos quería decir que nuestro tiempo, nuestro talento y nuestra riqueza siempre estarán donde esta nuestro corazón. Siempre encontramos tiempo, dinero y energía para las cosas que más amamos. Por ello, haz que seguir a Jesús e invertir en los demás sea el latido de tu vida, y cuando lo hagas, encontrarás el tiempo necesario para lograrlo.

TIEMPO PARA REFLEXIONAR

¿Cuáles son las «piedras grandes» de tu vida?

_____

_____

_____

_____

_____

_____

_____

_____

_____

_____

_____

¿Cómo puedes hacer espacio en tu agenda para hacer discípulos?

_____

_____

_____

_____

_____

_____

_____

_____

_____

_____

_____

_____

TIEMPO PARA PRÁCTICA

Repasa el versículo de las Escrituras que debes memorizar esta semana.

«Lo que has oído de mí ante muchos testigos,
esto encarga a hombres fieles que sean idóneos para enseñar también a otros»
(2 TIMOTEO 2,2)

Repasa tu frase «*Voy a*» de esta semana.

Procede con la lectura de las Escrituras de *«La Biblia en un año»* para hoy.
Mientras lees no te olvides, que es importante que uno recuerda a los acrósticos **s.i.e.n.t.a.** y **o.r.a.r.**.

Esta semana, ora para que Dios te muestre a dos o tres personas
para que se unan contigo en un nuevo *«Grupo de Crecimiento Espiritual»* que dirigirás.

TIEMPO PARA ORAR

Pide al Señor que te muestre cómo sacar tiempo para hacer discípulos.

EL TRABAJO DEL ESPÍRITU Y EL TUYO

Ignace Jan Paderewski (1860-1941) fue un pianista y compositor prodigioso. Empezó a recibir clases de piano a los seis años. Ingresó en el Conservatorio de Varsovia a los doce años, y a los dieciocho ya era profesor. Fue maestro compositor y concertista de piano, cautivando a públicos de toda Europa y América. Cuenta la leyenda que el gran Paderewski se estaba preparando para dar un concierto en una ciudad. El escenario ya estaba montado con un precioso piano de cola negro de ébano colocado estratégicamente en el centro. Una madre llevó a su hijo al concierto con la esperanza de recuperar su interés en tocar el piano. Cuando el público estaba ocupando sus asientos, la joven madre se dio cuenta de que su hijo había desaparecido. Horrorizada, observó cómo su pequeño subía al escenario, se alzaba al asiento del piano y empezaba a tocar «Estrellita, ¿dónde estás». De pronto, el público rugió cuando Paderewski apareció rápidamente en el escenario, abrazó al niño y empezó a tocar la canción con él en un precioso arreglo de contra melodías y armonías. En ese momento, el gran compositor susurró al chico al oído: «No te de tengas. Eres genial en eso. ¡Sigue así!»

Esa noche, el niño y el maestro compositor interpretaron bella música juntos. Cuando la canción acabó, el público rompió a aplaudir. No sabemos con certeza si esta historia es cierta, pero ilustra muy bien lo que ocurre cuando nos asociamos con el Espíritu de Dios a la hora de hacer discípulos. En muchos sentidos, somos como ese niño pequeño. Sabemos poco, podemos hacer poco, pero con la fuerza del Espíritu; Dios hace cosas asombrosas en las vidas de aquellos a quienes tocamos. Es importante que cuando inviertas en las personas, que tengas claro cuál es tu trabajo y cuál es el trabajo del Espíritu a la hora de hacer discípulos. Vamos a ver primero cuál es el trabajo del Espíritu.

El Espíritu Santo es quien hace posible el crecimiento espiritual. Al igual que un agricultor no puede hacer crecer sus cultivos, nosotros no podemos hacer crecer a alguien espiritualmente. La madurez espiritual es obra únicamente de Dios. ¿Qué hace el Espíritu en las vidas de las personas para posibilitar el crecimiento? En primer lugar, es el Espíritu quien nos da una nueva vida en Jesús. Es quien se encarga de abrirnos la mente y el corazón para escuchar y responder al Evangelio **(1 Corintios 2,12-13)**. Cuando Él lleva la Palabra de Dios al corazón de una persona descarriada, también le lleva la convicción del pecado, de justicia y de juicio **(Juan 16,8-11)**. Es Él quien nos lleva hasta Cristo **(Juan 6,44)**, hace que volvamos a nacer **(Juan 3,5-8)**, nos renueva por dentro **(2 Tesalonicenses 2,13)**, y nos hace entrar en la familia de Dios **(Romanos 6,4; Colosenses 2,12; 1 Corintios 12,13)**.

El Espíritu nos atrae y nos establece una relación con Cristo de principio a fin. Una vez que una persona se convierte en creyente, el trabajo del Espíritu no ha terminado; en realidad, no ha hecho más que empezar. El Espíritu vive en cada seguidor de Jesús **(Romanos 8,9-11)**. De hecho, ha establecido residencia en nuestras vidas **(1 Corintios 6,19-20)**. Nos guía **(Romanos 8,4)**, nos enseña **(Juan 14,26)**, nos consuela **(Juan 14,16)**, y nos hace crecer para parecernos cada vez más a Cristo **(Tito 3,5-7)**. Nos ayuda con nuestras debilidades **(Romanos 8,26)**. Nos guía a la verdad **(Juan 16,13)** y nos da poder para servir a Dios **(Miqueas 3,8)**. Nos da valor para hablar de Cristo a los demás **(Hechos 1,8)**, y provoca un cambio duradero en nuestras vidas **(Gálatas 5,22-23)**. Cuando permaneces en Cristo **(Juan 15,4-5)** y andas por el Espíritu **(Gálatas 5,25)**, Él actúa a través de nosotros para dar un fruto espiritual en los demás que perdurará en la eternidad **(Juan 15,8)**. En realidad, el Espíritu es quien hace el trabajo de hacer llegar a todo creyente a la madurez y a una vida fructífera. Te preguntarás: «si es así, ¿por qué no vemos a más personas plenamente maduras y siguiendo a Jesús?» La respuesta a esa pregunta está en nuestra parte del proceso de crecimiento espiritual.

Aunque el Espíritu realiza el trabajo de crecimiento en nuestro interior, nosotros debemos participar con Él. Pablo dijo a los creyentes de Filipo: **«Por tanto, amados míos, como siempre habéis obedecido, no como en mi presencia solamente, sino mucho más ahora en mi ausencia, ocupaos en vuestra salvación con temor y temblor, porque Dios es el que en vosotros produce así el querer como el hacer, por su buena voluntad» (Filipenses 2,12-13)**. El Espíritu es quien nos da la fuerza y el deseo de complacer a Dios, pero es nuestro deber trabajar diligentemente para obedecer a Dios y venerarlo en todo lo que hacemos. El Espíritu hace Su trabajo, pero nosotros también tenemos nuestro cometido. ¿Y cuál es nuestro trabajo?

En primer lugar, debemos vivir bajo el control del Espíritu Santo día a día y momento a momento. Pablo llamó a esto andar en el Espíritu **(Gálatas 5,16)**. Es necesario que mantengamos Su paso y caminemos a Su ritmo a lo largo de la senda que ha trazado para nosotros. Imagina que caminas con un buen amigo por una senda bien conocida. Cuando camináis juntos, hay hermandad; habláis sobre lo que ocupa el corazón de cada uno. Habláis de manera abierta y libre. Ambos vais en la misma dirección. Esto es lo que Dios quiere de ti. Él desea caminar contigo paso a paso y cada día en una hermandad constante, guiándote y dirigiendo tu vida a través de Su Espíritu dentro de ti. Por desgracia, mucha gente no camina en hermandad con el Espíritu de esa manera. ¿Por qué? Hay quienes se resisten a las directrices del Espíritu. Cuando el Espíritu les pide que hablen, permanecen callados. Cuando el Espíritu les pide que perdonen, se aferran a la ofensa. Cuando el Espíritu les pide que actúen, permanecen quietos. Desobedecer los mandatos del Espíritu se conoce como «apagar» al Espíritu **(1 Tesalonicenses 5,19)**. Al igual que apagas el fuego vertiendo agua sobre él, muchas personas apagan la influencia del Espíritu en sus vidas desobedeciendo sus mandatos.

Otro motivo por el que algunos no caminan en el Espíritu es porque hacen cosas que el Espíritu les dice que no hagan. Si empiezas a desviarte del camino de la voluntad de Dios, el Espíritu se encargará de prevenirte, convencerte y desafiarte. Pero si ignoras las advertencias del Espíritu y persistes, «contristéis» al Espíritu **(Efesios 4,29-30)**. Imagina ahora que tienes un amigo que te quiere y solo quiere lo mejor de Dios para tu vida. ¿Qué pasaría con esa amistad si le ofendieras constantemente e ignorases sus amorosos consejos en tu vida? Esa amistad se enfriaría. Se perdería esa hermandad que tuvisteis en un principio. Pues eso es lo que haces cuando te niegas voluntariamente a obedecer a Dios. Apagar y contristar al Espíritu constantemente hace que el crecimiento espiritual se detenga de inmediato. Por eso muchas personas no crecen nunca ni dan fruto espiritual en sus vidas. Por ello, nuestro cometido es andar por el Espíritu **(Gálatas 5,25)**, seguir Su guía y obedecer Sus mandatos. Debemos estar dispuestos a ser utilizados por Dios **(Mateo 11,28-29)**, a permanecer en Cristo mediante la oración y la Palabra de Dios **(Juan 15,4)**, a obedecer a Jesús en todo lo que nos ha enseñado en cada aspecto de nuestras vidas **(Juan 8,31)** y a hacer discípulos que hagan discípulos **(Mateo 28,18-20)**.

TIEMPO PARA REFLEXIONAR

¿Qué parte del trabajo del Espíritu te llama más la atención? ¿Por qué?

_____

_____

_____

_____

_____

_____

_____

_____

¿Qué impide a la mayoría de las personas crecer espiritualmente?

_____

_____

_____

_____

_____

_____

_____

_____

¿En qué áreas de tu crecimiento espiritual necesitas mejorar?

TIEMPO PARA PRÁCTICA

Repasa el versículo de las Escrituras que debes memorizar esta semana.

«Lo que has oído de mí ante muchos testigos,
esto encarga a hombres fieles que sean idóneos para enseñar también a otros»
(2 TIMOTEO 2,2)

Repasa tu frase *«Voy a»* de esta semana.

Procede con la lectura de las Escrituras de *«La Biblia en un año»* para hoy.
Mientras lees no te olvides, que es importante que uno recuerda a los acrósticos **s.i.e.n.t.a.** y **o.r.a.r.**

Esta semana, ora para que Dios te muestre a dos o tres personas
para que se unan contigo en un nuevo *«Grupo de Crecimiento Espiritual»* que dirigirás.

TIEMPO PARA ORAR

Pide al Espíritu que te dé poder y te ayude a invertir en los demás.

TU DÍA PARA ORAR

Hoy no tienes ninguna lectura adicional. Dedica tiempo a la Palabra de Dios, escucha Su voz y ora fervientemente por tus amigos perdidos.

TIEMPO PARA REFLEXIONAR

Escribe tu oración para esas personas que deseas que se unan a tu «*Grupo de Crecimiento Espiritual*».

_____

_____

_____

_____

_____

_____

_____

_____

_____

_____

_____

_____

_____

_____

_____

_____

TIEMPO PARA PRÁCTICA

Repasa el versículo de las Escrituras que debes memorizar esta semana.

«Lo que has oído de mí ante muchos testigos,
esto encarga a hombres fieles que sean idóneos para enseñar también a otros»
(2 TIMOTEO 2,2)

Repasa tu frase «*Voy a*» de esta semana.

Procede con la lectura de las Escrituras de «*La Biblia en un año*» para hoy.
Mientras lees no te olvides, que es importante que uno recuerda a los acrósticos **s.i.e.n.t.a.** y **o.r.a.r.**.

Esta semana, ora para que Dios te muestre a dos o tres personas
para que se unan contigo en un nuevo «*Grupo de Crecimiento Espiritual*» que dirigirás.

PARA EL TRABAJO EN GRUPO

Mi frase **«Voy a»**:

En la línea de lo que acabo de estudiar, esta semana voy a poner en práctica lo siguiente:

_____

_____

_____

_____

_____

_____

_____

_____

_____

_____

_____

_____

_____

_____

_____

_____

_____

_____

_____

_____

_____

_____

_____

_____

_____

DESARROLLO
COMPETENCIAS
BÁSICAS

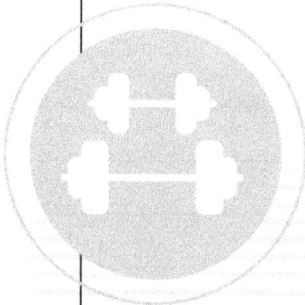

SEMANA CUATRO ◀

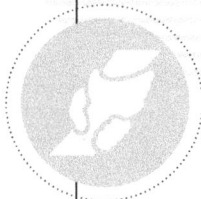

▶ **VERSÍCULO PARA MEMORIZAR**
«El discípulo no es
superior a su maestro;
mas todo el que fuere
perfeccionado, será como
su maestro»

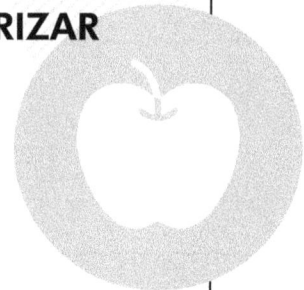

(LUCAS 6,40) ◀

ENTRENAMIENTO ESPIRITUAL

El día en que cumplí 39 años, se cerró un ciclo en mi vida. Corrí mi primer maratón en Dallas, Texas. Lo recuerdo como si fuera ayer. La carrera comenzó con el disparo de un hombre que llevaba un sombrero de cowboy y montaba a caballo. Empezaba la carrera. Decenas de miles de corredores serpenteaban por los distintos barrios aún dormidos y que rodeaban un lago. En los últimos kilómetros pasamos junto al hospital donde yo nací. He de decir que fue un tanto irreal eso de correr junto al lugar donde nací en mi cumpleaños. Pero pensé que si no lograba terminar la carrera, al menos acabaría donde todo empezó para mí. Estuve meses preparándome para esa carrera. Me uní a varios veteranos corredores de maratones e iniciamos un entrenamiento muy intensivo. Corrimos colinas y alrededor de lagos, bajo el viento y la lluvia. Pasábamos horas corriendo y entrenando en la técnica. Al final, el entrenamiento dio sus frutos y cruzamos la meta con los brazos en alto en señal de victoria. Y aunque no fue nada fácil, mereció la pena.

¿Qué te viene a la mente cuando lees la palabra «entrenamiento»? Quizá pienses en un atleta profesional que lleva un entrenamiento estricto para preparar alguna competición. Quizá pienses en un padre entrenando a su hijo o en un nuevo trabajador al que entrenan para un empleo. Quizá te vengan imágenes de un soldado siendo entrenado para el combate o en un médico siendo entrenado para una especialidad de medicina. Da igual cómo te lo imagines: cuando una persona se entrena, se está preparando para hacer un trabajo.

¡Entrenar es mucho más que conocer las cosas adecuadas! También es hacer las cosas adecuadas por los motivos adecuados. El entrenamiento nos hace competentes. Cuando un abogado está bien entrenado, conoce la ley y es competente para darte buenos consejos legales. Cuando un asesor financiero está bien entrenado, puede evaluar tu cartera financiera y gestionar tus activos. Un fontanero bien entrenado es competente para arreglarte las tuberías. Un experto informático bien entrenado es competente en el hardware y software más actuales. ¡El entrenamiento nos hace competentes!

Lo mismo ocurre en el ámbito espiritual. Cuando Jesús eligió a sus doce hombres en Marcos 3,13-14, lo hizo para entrenarlos. Se comprometió a invertir en ellos de un modo intensivo para que fueran plenamente competentes y estuvieran preparados para liderar el movimiento después de que Él regresara a los Cielos. Jesús entrenó a Sus hombres. De hecho, esa es precisamente la estampa de un discípulo: alguien que está bien entrenado por un maestro o rabino. ¿Y qué obtenemos de este entrenamiento?

Jesús dijo: *«El discípulo no es superior a su maestro; mas todo el que fuere perfeccionado, será como su maestro»* **(Lucas 6,40)**. El objetivo del entrenamiento de un discípulo es llegar a actuar como Jesús: reflejar tanto el carácter como las competencias de Jesús, y continuar con Su obra.

Esto es lo que Dios quiere para tu vida. Dios desea que tú y yo estemos bien entrenados, preparados, competentes, listos para implicarnos en Su ministerio y continuar Su labor de hacer discípulos. ¿Cómo se entrena a una persona para caminar con Jesús en la actualidad? Dos palabras: inversión personal. A grandes trazos, el entrenamiento espiritual tiene una vertiente de instrucción y otra de práctica. Hay cosas que debes conocer, y hay otras cosas que debes saber hacer. Jesús se centró en estos elementos básicos en Su entrenamiento. No enseñó a Sus hombres todo lo que necesitaban conocer **(Juan 16,12)**, pero sí les entrenó para todo lo que necesitaban saber para hacer discípulos que hicieran discípulos. En muchos sentidos, el entrenamiento espiritual se parece mucho a la crianza de hijos. En **(1 Juan 2,12-14)**, Juan habla a tres grupos de personas. El primer grupo es el de *«hijitos»*, el segundo de *«jóvenes»* y el tercero de *«padres»*. Muchos eruditos consideran que Juan los clasificaba basándose en su madurez espiritual, no en su edad física. En términos espirituales, todos empezamos como *«hijitos»*, completamente nuevos y recién nacidos otra vez. En esta etapa nos alegramos de ser perdonados y de habernos renovado. Nuestra relación con el Padre es fresca, nueva y viva. Tenemos hambre de saber más y estamos deseosos de aprender espiritualmente. Si seguimos creciendo nos convertimos en *«jóvenes»* fuertes en nuestra fe.

Vemos cómo Dios transforma nuestras vidas, superando nuestro pasado, y crecemos constantemente con nuestra dosis diaria de la Palabra de Dios. Finalmente, si seguimos creciendo nos convertimos en *«padres»*. Es decir, empezamos a crear una descendencia espiritual. Somos veteranos en nuestra relación con Cristo, y buscamos activamente compartir el Evangelio, guiar a otras personas a Cristo e invertir nuestras vidas en los demás. Es la imagen de la madurez espiritual. Esta es la senda que desea Dios para todos nosotros. Él desea que alcances la madurez plena; moldeado en *«a la medida de la estatura de la plenitud de Cristo»* **(Efesios 4,13)**. Y esto ocurre mediante la inversión personal. Cuando inviertes tu vida en unos pocos, estás entrenando a hombres y mujeres para crecer en su fe. Les estás enseñando a pensar como Jesús, a actuar como Jesús y a ayudar a otros a hacer lo mismo.

TIEMPO PARA REFLEXIONAR

Háblame de una época en la que llevaras a cabo algún tipo de entrenamiento estricto.
¿Qué cosas requerían disciplina por tu parte?

_____

_____

_____

_____

_____

_____

_____

¿Quiénes son las personas que han invertido personalmente en tu vida para ayudarte a crecer

espiritualmente?

_____

_____

_____

_____

_____

_____

_____

¿De acuerdo con esta lección, ¿cuál es el resultado del entrenamiento espiritual?

_____

_____

_____

_____

_____

_____

_____

TIEMPO PARA PRÁCTICA

Empieza memorizando el versículo de la Escritura de la semana.

«El discípulo no es superior a su maestro;
mas todo el que fuere perfeccionado, será como su maestro»
(LUCAS 6,40)

Repasa tu frase *«Voy a»* de esta semana.

Procede con la lectura de las Escrituras de *«La Biblia en un año»* para hoy.
Mientras lees no te olvides, que es importante que uno recuerda a los acrósticos **s.i.e.n.t.a.** y **o.r.a.r.**

A estas alturas, ya deberías haber reclutado a varias personas para entrar en tu primer *«Grupo de Crecimiento Espiritual»*. Empieza con los preparativos para vuestro primer reunión.

TIEMPO PARA ORAR

Pide al Señor que tus discípulos tengan el deseo de aprender a caminar
con Jesús como discípulos Suyos.

¿QUÉ ES UNA COMPETENCIA BÁSICA?

A principios de la década de 1990 empezó a cobrar impulso una nueva teoría de gestión empresarial. C.K. Prahalad y Gary Hamel escribieron un artículo titulado «*La competencia básica de la corporación*», en el que exponían que las compañías prósperas tenían ciertas destrezas o competencias básicas que las distinguían de otras compañías similares en el mercado. Por ejemplo, una compañía que fabrica cámaras puede tener como competencia básica una línea de ópticas de precisión que pueden emplearse para fabricar productos como microscopios o pistolas de radares. Prahalad exponía que las compañías prósperas conocen las destrezas básicas en las que destacan, y se centran en esas destrezas para producir muchos productos diferentes. Esas destrezas básicas se denominaron «*competencias básicas*».

Prácticamente en cualquier sector hay competencias básicas que una persona debe aprender para tener éxito en el mismo. Si eres cirujano, debes ser competente en las destrezas básicas de la cirugía. Si eres contable, debes ser competente en ciertas destrezas básicas de contabilidad. Si eres ingeniero, debes ser competente en las destrezas básicas de ingeniería. Del mismo modo, cuando Jesús llamó a un lado a Sus hombres para entrenarlos **(Marcos 3,13-14)**, les enseñó varias competencias básicas que les permitirían hacer discípulos que hicieran discípulos de manera efectiva. No podía entrenarlos para todo. No tenía tiempo para enseñarles todos los matices de la teología o la historia. Se limitó a entrenarles en los aspectos básicos necesarios para impulsar un movimiento de multiplicación.

En los últimos años, las iglesias han empezado a reconocer el método de Jesús y hablan de las «competencias básicas» de la vida espiritual de una persona. Una iglesia cercana publicó en su página web las «*30 competencias básicas de la formación espiritual*», donde identificaban creencias, prácticas y valores básicos de la vida cristiana. Entonces, ¿cuáles son las «competencias básicas» que Jesús enseñó a Sus hombres? ¿Qué destrezas básicas les enseñó Jesús que fueran necesarias para hacer discípulos? Saber responder a esta pregunta es fundamental, pues hacer discípulos es entrenar a hombres y mujeres para que piensen y actúen como Jesús. Para ello, debemos conocer cuáles consideraba Jesús que eran las competencias básicas más importantes de un discípulo. Después de estudiar la vida de Jesús durante muchos años, tengo la teoría de que las «competencias básicas» de Jesús se pueden resumir en tres fases: caminar con Dios, alcanzar tu mundo e invertir su vida en unos pocos. Vamos a echar un vistazo rápido a cada una de ellas:

En primer lugar, ***Jesús enseñó a Sus discípulos a caminar con Dios***. Jesús modelo y entreno a Sus hombres para obedecer al Padre **(Juan 8,29; Hebreos 5,8)** y exaltarlo en todo momento **(Juan 3,31; 17,7)**. Enseñó a Sus hombres la importancia de la oración personal **(Marcos 1,35)** y les demostró cómo orar **(Lucas 11,1-4)**. Les demostró la necesidad vital de conocer la Palabra de Dios y llenar sus vidas de la verdad de Dios **(Mateo 5,17-19)**. Les enseñó a lidiar con la tentación **(Lucas 4,1-13)**, a responder al fracaso personal **(Juan 8,1-11)**, a vivir en comunidad **(Juan 13,1)**, y a confiar en la fuerza del Espíritu Santo **(Lucas 4,18; Juan 5,19)**. Asimismo, les enseñó a escuchar la voz del Padre **(Juan 5,30)**. Todas estas prácticas eran fundamentales para aprender a caminar con Dios de un modo íntimo y personal para toda la vida.

En segundo lugar, **Jesús enseñó a Sus discípulos a alcanzar su mundo con el Evangelio**. En los comienzos del proceso, Jesús empezó a hacerles pensar en las personas que estaban lejos de Dios **(Juan 4,1-39)**. Les enseñó que todas las personas son importantes para Dios, independientemente de su bagaje cultural, color de piel y estado socioeconómico. Inculcó en ellos que compartir el Evangelio es una cuestión de vida o muerte **(Juan 3,16-18)**. Les enseñó a tener conversaciones espirituales **(Juan 3,1-21)**, a compartir el Evangelio **(Juan 3,15-16)** y a saber mostrar compasión **(Mateo 9,35-38)**. Les hizo una demostración de cómo responder a los críticos y cínicos, sin dejar de irradiar el amor de Dios por un mundo perdido **(Lucas 5,27-32)**. Demostró ante Sus hombres cómo vivir la vida «*en misión*» por el Evangelio.

Por último, **Jesús entrenó a Sus discípulos para invertir sus vidas en unos pocos**. Cuando les instó a seguirlo, les estaba demostrado como presentar una visión, seleccionar hombres fieles, invertir sus vidas y multiplicar su influencia **(Mateo 4,18-22)**. Les entrenó personalmente, y luego les envió a poner en práctica sus «*competencias básicas*» por su cuenta **(Lucas 9,1)**. Cuando regresaron, Jesús les preguntó cómo habían ido las cosas y lo que habían aprendido **(Lucas 9,10)**. Más tarde, Jesús les enseñó a multiplicar sus vidas haciendo discípulos que hicieran discípulos para llegar a una cuarta generación **(Lucas 10,1; 17; 21)**. Todo ese tiempo, Jesús los había estado preparando vivir como Él había vivido incluso después de que Él abandonara el mundo físico. Quería que fueran competentes en las destrezas elementales de caminar con Dios, alcanzar su mundo e invertir sus vidas en unos pocos. Estoy convencido de que estos tres fases forman la base necesaria para que toda persona sepa lo que significa ser discípulo y pueda hacer discípulos que hagan discípulos a su vez.

Si Jesús enseñó a Sus discípulos a caminar con Dios, alcanzar su mundo e invertir sus vidas en unos pocos, nosotros también debemos hacerlo. Estas son las «*competencias básicas*» que cada discípulo debe dominar para cumplir de manera efectiva con «*La gran comisión*». Hacer discípulos es mucho más que un estudio bíblico o completar un plan de estudio; hacer discípulos conlleva entrenar a hombres y mujeres para que hagan lo que Jesús hacía y vivan como Jesús vivía. Te preguntarás: «*¿Cómo se entrena a alguien para ello? ¿Cómo se forjan estas prácticas en las vidas de mis discípulos?*» Ahí es donde entran en escena los tres libros de «*Un Estudio de Crecimiento Espiritual*». Cada libro se centra en uno de los tres temas principales de Jesús: Camina con Dios, Alcanza tu mundo e Invierte tu vida en unos pocos. Estas herramientas sirven para que la persona que estás entrenando se centre en las «*competencias básicas*» de Jesús. Pero insisto, no basta con ir repasando estas herramientas; debes modelar como vivir estas enseñanzas en nuestro mundo actual. Además del material de «*Un Estudio de Crecimiento Espiritual*», hay ciertas prácticas que puedes emplear y que dan muy buen resultado. Cada una de estas prácticas inspirará a tu nuevo discípulo para caminar como caminaba Jesús. ¿Y cuáles son? Las iremos viendo en lo que queda de esta semana.

TIEMPO PARA REFLEXIONAR

IEn tus propias palabras, ¿qué es una «competencia básica»?

_____

_____

_____

_____

_____

_____

_____

_____

_____

¿Cuáles son las tres fases que resumen las «competencias básicas» que Jesús enseñó a Sus discípulos?

_____

_____

_____

_____

_____

_____

_____

_____

_____

_____

_____

_____

_____

_____

_____

¿En cuál de estas «competencias básicas» crees que estás mejor preparado?

¿En cuál crees que estas menos preparado?

_____

_____

_____

_____

_____

TIEMPO PARA PRÁCTICA

Empieza memorizando el versículo de la Escritura de la semana.

«El discípulo no es superior a su maestro;
mas todo el que fuere perfeccionado, será como su maestro»
(LUCAS 6,40)

Repasa tu frase «*Voy a*» de esta semana.

Procede con la lectura de las Escrituras de *«La Biblia en un año»* para hoy.
Mientras lees no te olvides, que es importante que uno recuerda a los acrósticos **s.i.e.n.t.a.** y **o.r.a.r.**.

A estas alturas, ya deberías haber reclutado a varias personas para entrar en tu primer *«Grupo de Crecimiento Espiritual»*. Empieza con los preparativos para vuestro primer reunión.

TIEMPO PARA ORAR

Pide al Señor que te ayude a inculcar las competencias básicas para caminar
con Jesús en las vidas de las personas a las que estás guiando.

EL PODER DE REUNIRSE

Dios nunca ha pretendido que camines solo por la vida. Por eso creó una comunidad de creyentes llamada iglesia. A través de las relaciones que encontramos en la iglesia podemos crecer y asemejarnos cada vez más a Jesús. Existe la teoría actual de que *«puedo crecer espiritualmente con solo leer libros, ver vídeos o buscar contenido espiritual en internet»*. De acuerdo con una encuesta a nivel nacional realizada por Barna Research Group y Navigators, el 37% de los cristianos encuestados señalaban que su método de discipulado preferido era el estudio *«por mi cuenta»*, [The State of Discipleship, Navigators, 2015, pág. 109). Es decir, que uno de cada tres seguidores de Cristo prefiere que le dejen por su cuenta en lo que se refiere al crecimiento espiritual. Vivimos en la era de la información, pero hay una gran diferencia entre conocer la información y experimentar la transformación. La información se puede obtener por uno mismo, pero la transformación solo se logra en comunidad.

Si analizamos la vida de Jesús, vemos que optó por reunir a Su grupo de hombres en una comunidad muy unida. En ese entorno, juntos podrían aprender de Jesús y aprender a vivir como Jesús. Lo mismo se puede decir de la iglesia en los primeros años. Cuando los creyentes llegaron a la fe en Jesús, se reunían con frecuencia en el templo para el culto y en grupos reducidos para orar, alentarse y rendir cuentas **(Hechos 2,46)**. Más tarde, se instó a los cristianos a no descuidar la costumbre de reunirse en grupos. *«No dejando de congregarnos, como algunos tienen por costumbre, sino exhortándonos; y tanto más, cuando veis que aquel día se acerca»* **(Hebreos 10,25)**. A partir del ejemplo de Jesús y de la iglesia en los primeros años, parece más que evidente que el crecimiento espiritual es más efectivo en grupo.

Cuenta la historia que el famoso pastor D.L. Moody fue a visitar a un miembro de su iglesia que había empezado a ausentarse. El hombre le dijo: *«creo que puedo ser tan buen cristiano fuera de la iglesia que dentro de ella»*. El Dr. Moody no dijo nada. Se acercó a la chimenea y retiró con las tenazas un trozo de carbón del fuego para colocarlo en la parte de fuera. Ambos observaron en silencio cómo se iba apagando el trozo de carbón, dejando una estela de humo en el aire. El hombre se giró hacia el Dr. Moody y le dijo: *«entiendo»*. Seguramente habrás conocido a personas que antes ardían por Dios. Tenían un corazón para los perdidos. Caminaban de un modo profundo y personal con el Señor y solían reunirse con otros creyentes para la oración, el culto y el aliento, pero algo ocurrió. Dejaron de reunirse con otros seguidores de Cristo. Muy pronto, su pasión disminuyó y su amor por Dios se enfrió. Es algo que puede pasarnos a todos. Por eso es tan importante reunirse con los discípulos habitualmente para entrenarlos, darles aliento y apoyarlos. Las reuniones deben tener una intención y un propósito. Desde luego, hay tiempo para *«echar el rato»* simplemente con tus discípulos. Asistir a partidos, comprar juntos, quedar para comer o hacer recados juntos puede ser muy importante. No obstante, cuando te reúnes en un *«Grupo de Crecimiento Espiritual»* para guiar a discípulos, es muy importante abordar las tres partes fundamentales. De hecho, cada reunión debe ser dividido en tres partes: **«Mirar atrás»**, **«Mirar juntos»** y **«Mirar adelante»**.

La primera parte de vuestra reunión debe centrarse en **«Mirar atrás»**. Aquí podéis repasar la semana pasada juntos. ¿Qué ha ido bien esta semana? ¿Qué ha ido mal? ¿Qué dificultades tenéis? ¿Cómo las habéis abordado? ¿Cómo habéis puesto en práctica lo aprendido en vuestro último reunión? Se trata de un momento crucial para entrar en el mundo de esas personas a las que estás dando tu vida y ayudando a superar las dificultades de la vida. También es un momento para rendir cuentas. Podéis repasar juntos las Escrituras que habéis memorizado y practicar los versículos. Podéis repasar lo leído en la Palabra de Dios esta semana y reflexionar sobre cómo os ha hablado Dios. Podéis dedicar tiempo a repasar las preguntas de rendición de cuentas y abriros para compartir vuestras dificultades personales. Esta primera parte es un momento excepcional para dar y recibir atención y rendición de cuentas.

La segunda parte es **«Mirar juntos»**. En esta parte repasáis el material que estáis estudiando juntos en grupo. A medida que vayáis leyendo «Un Estudio de Crecimiento Espiritual», estaréis dedicando tiempo a leer vuestras asignaciones diarias. La lectura de cada día lleva asociada varias preguntas para reflexionar. Este es el momento de repasar esas preguntas y debatir sobre las lecturas. Esta es la parte del encuentro más orientada al contenido. En el proceso podéis ir formulando preguntas, recibir comentarios, debatir sobre cómo se aplican estas verdades a vuestra vida y sobre cómo obedecer a Jesús. No se trata de un estudio genérico de la Biblia, sino de un momento para hacer hincapié en el lado práctico de la obediencia y el trabajo para superar los obstáculos que nos vamos encontrando. Cuando dirijas esta parte, no olvides que tu propio ejemplo es una herramienta muy poderosa. Estas personas deben aprender a plasmar en la vida real lo que les estás entrenando. Háblales de tus dificultades y de tus éxitos. Deja que te sigan como tú sigues a Jesús **(1 Corintios 11,1)**.

La última parte de la reunión es **«Mirar adelante»**. En esta parte debéis debatir sobre cómo llevar a la práctica en la próxima semana lo que habéis estudiado. Cada persona deberá escribir una frase «Voy a». No es más que una frase que diga: «Para poner en práctica lo que acabo de aprender, voy a....» Sin una frase «Voy a», la mayoría de la gente suele olvidarse de lo que han aprendido. Las verdades de la Palabra de Dios podrían pasar por nosotros sin producir ningún cambio. Santiago nos lo advierte: **«Pero sed hacedores de la palabra y no tan solamente oidores, engañándoos a vosotros mismos»** **(Santiago 1,22)**. Sin un plan claro para poner en práctica lo aprendido, solo te estás engañando en la idea de que sigues a Jesús. También es un buen momento para mirar adelante a las lecturas de la próxima semana y el nuevo versículo para memorizar que vais a estudiar juntos. Concluye la reunión con una oración, instándoles a que sigan a Jesús durante la semana. Sigue la estructura: **«Mirar atrás»**, **«Mirar juntos»** y **«Mirar adelante»**, y Dios hará que vuestras reuniones tengan un efecto duradero.

TIEMPO PARA REFLEXIONAR

Habla de una época en la que te reunías habitualmente con otros cristianos para crecer espiritualmente.
¿Qué es lo que más ha influido en tu vida?

_____

_____

_____

_____

_____

_____

¿Por qué crees que el crecimiento espiritual es más efectivo en grupo?

_____

_____

_____

_____

_____

_____

_____

¿Cuáles son las tres partes de cualquier reunión del «Grupo de Crecimiento Espiritual»?

_____

_____

_____

_____

_____

_____

_____

TIEMPO PARA PRÁCTICA

Empieza memorizando el versículo de la Escritura de la semana.

«El discípulo no es superior a su maestro;
mas todo el que fuere perfeccionado, será como su maestro»
(LUCAS 6,40)

Repasa tu frase *«Voy a»* de esta semana.

Procede con la lectura de las Escrituras de *«La Biblia en un año»* para hoy.
Mientras lees no te olvides, que es importante que uno recuerda a los acrósticos **s.i.e.n.t.a.** y **o.r.a.r.**

A estas alturas, ya deberías haber reclutado a varias personas para entrar en tu primer *«Grupo de Crecimiento Espiritual»*. Empieza con los preparativos para vuestro primer reunión.

TIEMPO PARA PRÁCTICA

Pide al Señor que te guíe a la hora de reunirte con tu grupo e invertir en ellos.

EL PODER DEL COMPROMISO

Crecemos a través de compromisos. Piénsalo. Cuando uno se compromete a algo, alcanza un nuevo nivel de crecimiento y madurez. Quizá tengas el compromiso de finalizar tus estudios. Es una lucha. Es difícil. Pero mantienes tu compromiso y acabas creciendo. El matrimonio es un compromiso. Tomas la decisión de amar a tu marido o tu mujer «hasta que la muerte os separe». Es un compromiso de por vida. Y cuando surgen las dificultades, sigues esforzándote para superarlas porque tienes un compromiso. Los compromisos son importantes. Cuando miramos a la vida de Jesús, Él siempre estaba invitando a las personas a comprometerse. Rara vez les daba la opción de avanzar sin esfuerzo. O avanzabas junto a Él o te ibas en otra dirección, no había punto medio.

La primera vez que Jesús se encontró a un grupo de hombres con dudas espirituales, les dijo «venid y ved» **(Juan 1,39)**. Tuvieron la opción de implicarse más o echarse atrás. Jesús instaba al compromiso. Unos dieciocho meses más tarde, Jesús volvió a aumentar el nivel de compromiso de estos hombres instándoles a abandonar sus negocios familiares para acompañarlo a tiempo completo **(Mateo 4,18-21)**. De nuevo tuvieron que tomar la decisión de seguirlo o echarse atrás. Alrededor de seis meses más tarde, Jesús volvió a incrementar el nivel de compromiso. Después de orar toda la noche, Él llamó doce hombres a «estar con Él» para entrenarlos en el liderazgo. Estos hombres estaban siendo llamados a un mayor nivel de compromiso y rendición de cuentas **(Marcos 3,13-14)**. Finalmente, tras meses de entrenamiento intensivo, Jesús los desafió al mayor compromiso que jamás habían enfrentado: renunciar a su egoísmo, cargar con su cruz a diario y seguirlo **(Lucas 9,23)**. Si echamos un vistazo al ministerio de Jesús, vemos que invitaba constantemente a las personas a niveles más altos e intensos de compromiso.

Y así ha sido mi propia experiencia. Cuando era joven, escuché el Evangelio y me convencí de mi pecado, por lo que acudí a la fe en Cristo. Fue un compromiso que me cambió la vida. Pero Jesús nunca me dejó solo. Ese compromiso inicial no era más que el comienzo de un recorrido para el que he necesitado muchos pasos de fe. Cuando llegué a la universidad y me desvié del Señor, Jesús volvió a invitarme a seguirlo de un modo renovado y poderoso. Unos años más tarde, Jesús me pidió un nuevo compromiso cuando me llamó a guiar a Su gente como pastor. Toda mi relación con Jesús se ha basado en seguirlo y responder a Sus constantes invitaciones para adquirir un nivel mayor de compromiso. Esto es lo que Jesús quiere de ti. Nunca se va a conformar con que le des lo mínimo de ti. Nunca le va a parecer suficiente que le des una parte de tu vida y le digas: «Jesús, aquí tienes este trozo de mi vida, pero el resto me lo quedo para mí». ¡Lo quiere todo de ti! Y aunque Él te ama tal y como eres, te ama demasiado como para dejarte tal y como estás. Mientras lo sigas, siempre te pedirá nuevos niveles de compromiso cada vez más desafiantes, que te harán estirar tu fe, superar miedos y ganar confianza.

Si Jesús invitaba a la gente al compromiso, e incluso hoy en día nos sigue llamando a seguirlo de maneras renovadas, lo más lógico es que ayudemos a la gente a crecer espiritualmente llamándoles a alcanzar nuevos niveles de compromiso y fe. Para poder seguir creciendo, no puedes seguir en tu zona de confort. Si quieres ponerte en forma física, debes forzar tu cuerpo a hacer cosas que no te hacen sentir cómodo para poder alcanzar nuevos niveles de fuerza y resistencia. El crecimiento se consigue fuera de la zona de confort. Lo mismo ocurre en el ámbito espiritual. Es necesario retar a las personas a poner en práctica lo que han aprendido, porque el nuevo crecimiento y la fuerza están esperando fuera de esa zona. Por eso, cuando os reunáis cada semana en vuestros «Grupos de Crecimiento Espiritual» deberás pedir a tus discípulos que se comprometan a cumplir con su frase «Voy a».

Como dije ayer, esta frase tiene por objetivo ayudarles a mantener el compromiso de poner en práctica lo aprendido a lo largo de la semana siguiente. En **(Mateo 28)**, Jesús dio a Sus hombres «La gran comisión». Parte de ese comisión consistía en enseñar a estos nuevos discípulos que **«guarden todas las cosas que os he mandado» (Mateo 28,20)**. En muchas ocasiones, cuando escucho a alguien enseñar este pasaje, hacen hincapié en la parte de «enseñar». Suelen leer: «...ENSEÑÁNDOLES a que guarden todas las cosas que os he mandado...». No es algo recomendable, porque hace pensar que la iglesia hace mucho hincapié en enseñar hechos de la Biblia y adoctrinar sin la obediencia práctica. Ahora la gente puede asistir a estudios de la Biblia, leer libros cristianos, conocer numerosos hechos de la Biblia, pero así no se consigue vivir como Jesús. En lugar de ello, debería ponerse el énfasis en la palabra «guarden»: «....enseñándoles a que GUARDEN todas las cosas que os he mandado...». La palabra guarden significa obedecer. Se hace hincapié en la obediencia. ¿Cómo se puede saber si una persona está obedeciendo a Jesús? Una forma sería ayudar a esa persona a asumir el compromiso de obediencia para que luego pueda rendir cuentas. Hablaremos de la importancia de rendir cuentas la semana que viene, pero te adelanto que el compromiso sin la rendición de cuentas no sirve de nada. Sin embargo, el compromiso con la obediencia, unido a una rendición de cuentas llena de amor, llena de gracia y de honra a Dios da lugar a una transformación.

TIEMPO PARA REFLEXIONAR

¿Qué compromisos has asumido que te han permitido crecer como persona?

_____

_____

_____

_____

_____

_____

_____

_____

¿Por qué crees que Jesús llamaba a Sus hombres a asumir nuevos niveles de compromiso?

_____

_____

_____

_____

_____

_____

_____

_____

¿Qué te impide cumplir tus compromisos de crecimiento espiritual?

_____

_____

_____

_____

_____

_____

_____

TIEMPO PARA PRÁCTICA

Empieza memorizando el versículo de la Escritura de la semana.

«El discípulo no es superior a su maestro;
mas todo el que fuere perfeccionado, será como su maestro»
(LUCAS 6,40)

Repasa tu frase «*Voy a*» de esta semana.

Procede con la lectura de las Escrituras de «*La Biblia en un año*» para hoy.
Mientras lees no te olvides, que es importante que uno recuerda a los acrósticos **s.i.e.n.t.a.** y **o.r.a.r.**.

A estas alturas, ya deberías haber reclutado a varias personas para entrar en tu primer «*Grupo de Crecimiento Espiritual*». Empieza con los preparativos para vuestro primer reunión.

TIEMPO PARA ORAR

Pide al Espíritu que inculque en cada persona de tu grupo el deseo
de asumir compromisos auténticos que les ayuden a crecer.

EL PODER DEL EJEMPLO

Hace unos años fui a una tienda para que me ayudaran con mi iPhone. A decir verdad, no soy una persona muy técnica. Si mi teléfono no funciona bien, tengo problemas. ¡Estoy en problemas! Soy de esas personas que tienen el número de «atención al cliente» en la marcación rápida. Acudí a la tienda por un problema con el teléfono, y una joven de veinte pocos años se ofreció a ayudarme. En los treinta minutos siguientes, diagnosticó el problema e hizo las gestiones para que me dieran un teléfono nuevo. En un momento dado, mientras esperábamos a que me dieran el nuevo teléfono, le pregunté: «*cuánto tiempo llevas trabajando aquí?*» «*Tan solo unos meses*», me respondió sonriendo. «*¿Y te gusta?*» Inquirí. «*Sí, señor. Me encanta*».

Lleno de curiosidad, le pregunté: «*¿Y cómo es que aprendiste todo tan rápido?*» Me contestó: «*Bueno, vi en internet que buscaban personal, así que acudí a un curso de formación de dos días en el salón de actos de un hotel de aquí*». «*¡Y ya está! ¿Aprendiste todo esto en solo dos días?*» Le pregunté. «*No exactamente*», prosiguió. «*Después del curso de dos días me destinaron a esta tienda y me asignaron a un instructor. Él llevaba la camisa azul y el cordón habituales del uniforme, pero yo iba en ropa de calle. Le seguí durante varios meses, observando cómo respondía dudas y solucionaba problemas. Cuando él consideró que estaba preparada, yo me puse la camisa azul y él ropa de calle. Me seguía y me enseñaba cuando necesitaba ayuda. Pasado un tiempo, me dijo que estaba preparada para seguir sola. Ahora estoy a punto de que me asignen a una persona para instruirla*».

La miré y le dije emocionado: «*¡Justo igual que Jesús!*» (En serio, le dije eso de verdad.) Esta era la manera en la que Jesús entrenaba a Sus hombres. Los llamó a hacer compromisos. Los llamó a rendir cuentas, pero también aprovechó del poder de Su ejemplo personal. En los primeros dieciocho meses a dos años, los hombres que seguían a Jesús se limitaban a observarlo. Le vieron hablar con Nicodemo y la mujer samaritana. Le vieron predicar y curar. Le vieron hacer milagros y orar. Le vieron enfrentarse a la hipocresía religiosa. En cierto modo, Jesús llevaba la camisa azul y ellos observaban cada uno de Sus movimientos. No obstante, pasado un tiempo, Jesús llamó a Sus hombres a poner en práctica aquello que habían observado en Su vida. Les envió de dos en dos con la misión de predicar, curar y enfrentarse, justo como Él había hecho **(Mateo 10,1; Marcos 6,7; Lucas 9,1)**.

¿Cómo sabían lo que tenían que hacer? Habían estado observando y siguiendo el ejemplo de Jesús.

Estoy convencido de que después de cada sermón, milagro o confrontación, discutieron con Jesús lo que habían visto. *«Jesús, ¿por qué dijiste eso?» «Jesús, ¿por qué hiciste eso?» «Jesús, ¿qué debemos hacer en una situación como esta?»* Las Escrituras solo nos dan una muestra de estas conversaciones privadas, pero estoy seguro de que se prolongaban hasta la noche. Estos hombres estaban aprendiendo del ejemplo de Jesús. Y seguimos aprendiendo del ejemplo de Jesús. El apóstol Pablo escribió a Timoteo: *«**Pero por esto fui recibido a misericordia, para que Jesucristo mostrase en mí el primero toda su clemencia, para ejemplo de los que habrían de creer en él para vida eterna**»* **(1 Timoteo 1,16)**.

Al conceder la gracia a Pablo, Jesús nos estaba enseñando con Su ejemplo a extender la gracia a los demás. En **(1 Pedro 2,21)**, leemos: *«**Porque para esto fuisteis llamados, pues también Cristo padeció por nosotros, dejándonos ejemplo, para que sigáis sus pasos**»*. Jesús sufrió. Y con Su sufrimiento, nos deja el ejemplo de cómo afrontar el sufrimiento cuando llega a nuestras vidas. A lo largo de todo Su ministerio, Jesús no se limitó a revelar verdades bíblicas, sino que dio un ejemplo para que Sus hombres lo siguieran. Tras lavar los pies a Sus discípulos, Jesús les dijo: *«**Porque ejemplo os he dado, para que como yo os he hecho, vosotros también hagáis**»* **(Juan 13,15)**. En ese momento, Jesús podría haberles dado una lección sobre los valores del liderazgo de servicio. Sin embargo, lo que grabó estos principios en sus mentes fue Su increíble e irrefutable ejemplo. El apóstol Pablo enseñaba de la misma manera. Cuando invertía en hombres piadosos fieles, servía de ejemplo para que ellos sigan. En una ocasión, dijo a los creyentes de Corinto: *«**Sed imitadores de mí, así como yo lo soy de Cristo**»* **(1 Corintios 11,1)**.

Todos necesitamos ejemplos que seguir. Dios siempre ha usado hombres y mujeres piadosos fieles para servir de ejemplo a otros creyentes. Lot tenía a Abraham. Josué tenía a Moisés. Eliseo tenía a Elías. Ester tenía a Mardoqueo. Timoteo y Tito tenían a Pablo. Y la lista sigue y sigue. No basta con conocer cómo vivir por Jesús; tenemos que ver a alguien que vive por Jesús. No basta con saber orar; necesitamos escuchar a alguien orando. No basta con saber cómo compartir el Evangelio; tenemos que ver a alguien compartir el Evangelio. Todos necesitamos a cristianos *«de camisa azul»* en nuestras vidas para poder seguirlos e imitarlos. Cuando inviertas tu vida en las personas, debes ser un ejemplo para ellos. Pablo le dijo a Timoteo: *«**Ninguno tenga en poco tu juventud, sino sé ejemplo de los creyentes en palabra, conducta, amor, espíritu, fe y pureza**»* **(1 Timoteo 4,12)**.

También alentó a Tito del mismo modo. *«**...presentándote tú en todo como ejemplo de buenas obras; en la enseñanza mostrando integridad, seriedad**»* **(Tito 2,7)**. Invertir tu vida en las personas supone esforzarte por ser un ejemplo que puedan seguir. Cuando os reunís en vuestro «Grupo de Crecimiento Espiritual», procura compartir tus propias experiencias y dificultades. Cuando estés impartiendo las lecciones semanales, detente y muéstrales cómo es ese principio en la vida real. Si les estás enseñando a tomar anotaciones en el diario, repasad juntos la Palabra de Dios y muéstrales cómo anotar las verdades espirituales. Si les estás enseñando a memorizar las Escrituras, hazlo tú primero y muéstrales cómo memorizar y meditar sobre la Palabra de Dios. Si les estás enseñando a compartir el Evangelio, piensa en maneras de modelar cómo iniciar conversaciones espirituales y como compartes el Evangelio. Al caminar con Dios y alcanzar tu mundo, estás demostrando a otros cómo caminar con Dios y alcanzar al mundo.

TIEMPO PARA REFLEXIONAR

¿Qué personas en tu vida te sirvieron de ejemplo para seguir a Jesús?

¿Qué destacarías sobre su ejemplo?

_____

_____

_____

_____

_____

_____

_____

_____

_____

¿Por qué consideras tan importante tener un ejemplo para el crecimiento espiritual?

_____

_____

_____

_____

_____

_____

_____

_____

_____

_____

_____

_____

¿Qué es lo que más te preocupa de ser un ejemplo que los demás puedan seguir?

_____

_____

_____

_____

_____

_____

_____

_____

_____

TIEMPO PARA PRÁCTICA

Empieza memorizando el versículo de la Escritura de la semana.

«El discípulo no es superior a su maestro;
mas todo el que fuere perfeccionado, será como su maestro»
(LUCAS 6,40)

Repasa tu frase «*Voy a*» de esta semana.

Procede con la lectura de las Escrituras de «*La Biblia en un año*» para hoy.
Mientras lees no te olvides, que es importante que uno recuerda a los acrósticos **s.i.e.n.t.a.** y **o.r.a.r.**.

A estas alturas, ya deberías haber reclutado a varias personas para entrar en tu primer «*Grupo de Crecimiento Espiritual*». Empieza con los preparativos para vuestro primer reunión.

TIEMPO PARA ORAR

Pide al Señor que te ayude a ser un ejemplo que los demás puedan seguir.

EL PODER DE LA COMISIÓN

Comisión es una palabra que tiene muchos diferentes significados. Cuando los dirigentes de ventas corporativas escuchan esa palabra, piensan en una ganancia monetaria por una venta. Cuando los dirigentes militares escuchan esa palabra, piensan en una nueva asignación o un nuevo rango. Sin embargo, cuando los dirigentes de la iglesia escuchan esa palabra, piensan en el mandado de Jesús de hacer discípulos. Nosotros lo llamamos «La gran comisión», y lo encontramos en **(Mateo 28,18-20)**. Por definición, comisionar a alguien es darle una «instrucción, orden o deber». La comisión conlleva una acción. El que lo recibe tiene la obligación de hacer algo o de conseguir algo. Si inviertes tu vida en personas, una de las maneras de motivarlas es a través de una comisión. Jesús comisionó regularmente a sus hombres a la acción. En **(Mateo 10,1)**, leemos: **«Entonces llamando a sus doce discípulos, les dio autoridad sobre los espíritus inmundos, para que los echasen fuera, y para sanar toda enfermedad y toda dolencia»**. Tras dieciocho meses observando a Jesús, otros seis siendo Su sombra y unos cinco meses más siendo entrenados por Él, estaban preparados para entrar en acción. Jesús envió a los doce discípulos a una misión y les dio instrucciones específicas para ella.

En **(Mateo 10,2-4)**, leemos quién debe ir a esa misión. Los emparejó de dos en dos y los mandó a predicar. (Si te interesa saber cómo se emparejaron los doce discípulos, lee estos versículos.) ¿Adivinas quién se quedó con Judas? Seguidamente, Jesús les indicó los lugares donde debían ir: los pueblos y asentamientos judíos en todo Israel **(Mateo 10,5-6)**. Asimismo, Jesús les indicó cómo debían ir: sin dinero ni muda de ropa, pero con fe y confianza en que Dios cubriría sus necesidades **(Mateo 10,9-15)**. Antes de marcharse, Jesús les explicó lo que podían encontrarse: resistencia, persecución, el poder del Espíritu y la paz de Dios **(Mateo 10,16-31)**. Cuando uno lee estos versículos, está claro que Jesús sabia como comisionar a sus hombres y motivarlos a actuar. Al igual que un comandante en jefe despliega su ejército en combate, Jesús desplegó a Sus discípulos al campo de batalla espiritual donde la vida y la eternidad pendían de un hilo.

Hay algo poderosa en una comisión. Nunca olvidaré cuando una pequeña iglesia de Texas me comisionó a ser pastor. Dios había estado actuando en mi corazón. Una noche, escuché Su voz inconfundible. «Craig, ¿me amas?» «Sí, Señor; ya sabes que te amo», respondí. «Entonces alimenta a mis ovejas…guía a mis corderos». Mis ojos se llenaron de lágrimas. Escuché a Dios alto y claro. Pocos meses después, los dirigentes de esta iglesia pusieron sus manos sobre mí y oraron por mí, y luego me enviaron a hacer aquello para lo que Dios me había llamado. Es parecido a lo que les sucedió a Pablo y Bernabé cuando el Espíritu del Señor habló a los dirigentes de la iglesia en Antioquía para comisionarlos en su primera viaje misionero **(Hechos 13,1-3)**. Hay algo poderoso en escuchar a Dios y en que las personas que te rodean te lo confirmen y oren para que cumplas la misión que Él te ha encargado.

Una comisión no es algo exclusivo de pastores y misioneros. Todos necesitamos una comisión. Todos necesitamos que nos desplieguen en nuestras oficinas, vecindarios, amistades y escuelas para hacer brillar Su luz en un mundo de oscuridad. Cuando una persona sabe quién es, hacia dónde va, cómo obedecer a Jesús y lo que debe esperar, tiene poder para cambiar las cosas. Cuando viertes tu vida en las personas de tu «Grupo de Crecimiento Espiritual», es importante que des una comisión a los discípulos para esa semana antes de despedirte.

¿Cómo sería una comisión para el grupo? Repasemos el ejemplo de Jesús. Jesús dejaba claro lo que pedía a Sus discípulos. No había confusión posible. Por ello, es importante que ayudes a cada persona de tu «Grupo de Crecimiento Espiritual» a comprender lo que Dios ha puesto en su corazón para que lo hagan en la semana siguiente. Al término de cada sesión, pide a los miembros de tu grupo que redacten su frase personal «Voy a», expresando su acto de obediencia para la próxima semana basándose en lo que han aprendido. Esto es lo que el Espíritu de Dios ha puesto en sus corazones para que lo hagan. Además, Jesús hacía públicas Sus misiones. Nunca mandaba nada a nadie en secreto. Todo el grupo sabía lo que hacían todos y por qué. Por eso es recomendable compartir esas frases personales «Voy a» con el grupo. Dado que los miembros comparten sus frases personales «Voy a», todo el grupo tiene ocasión de alentar y orar por los demás a lo largo de la semana. Además, inculca en el grupo cierto nivel de rendición de cuentas para cumplir con aquello que Dios les ha comisionado.

Para terminar, orad juntos. **(Mateo 11,1)** dice: *«Cuando Jesús terminó de dar instrucciones a sus doce discípulos, se fue de allí a enseñar y a predicar en las ciudades de ellos»*. No nos dice que Jesús oró por ellos en este pasaje, pero estoy seguro de que todos estaban orando mientras se dirigían a la puerta. En estos años he adquirido la costumbre de pedir a cada persona del grupo que se arrodille junto a su silla. Arrodillarse es un gesto de humildad. Me imagino a los caballeros de antaño arrodillándose ante el rey cuando los mandaban al campo de batalla. El rey tomaba una espada y les tocaba en cada hombro, lo cual simbolizaba que el soldado renunciaba a sus propios deseos y que solo vivía para su rey. Cuando os arrodilléis juntos, guía a tu grupo para orar los unos por los otros. Ora para que Dios les llene de Su Espíritu y les dé fuerzas para obedecer en todo lo que Él les ha ordenado.

TIEMPO PARA REFLEXIONAR

Reflexiona sobre alguna vez en tu vida en que se te haya comisionado a hacer algo.
¿Cómo fue la experiencia? ¿Cómo te impactó?

_____
_____
_____
_____
_____
_____
_____
_____
_____
_____

¿Por qué es importante compartir con el grupo aquello
que Dios te ha comisionado a hacer la semana siguiente?

_____
_____
_____
_____
_____
_____
_____
_____
_____

TIEMPO PARA PRÁCTICA

Empieza memorizando el versículo de la Escritura de la semana.

«El discípulo no es superior a su maestro;
mas todo el que fuere perfeccionado, será como su maestro»
(LUCAS 6,40)

Repasa tu frase *«Voy a»* de esta semana.

Procede con la lectura de las Escrituras de *«La Biblia en un año»* para hoy.
Mientras lees no te olvides, que es importante que uno recuerda a los acrósticos **s.i.e.n.t.a.** y **o.r.a.r.**.

A estas alturas, ya deberías haber reclutado a varias personas para entrar en tu primer *«Grupo de Crecimiento Espiritual»*. Empieza con los preparativos para vuestro primer reunión.

TIEMPO PARA ORAR

Entrégate al Señor y pídele que te llene con Su Espíritu hoy.

TU DÍA PARA ORAR

Hoy no tienes ninguna lectura adicional. Dedica tiempo a la Palabra de Dios, escucha Su voz y ora fervientemente por tus amigos perdidos.

TIEMPO PARA REFLEXIONAR

Escribe tu oración por tu primera reunión en grupo.

_____

_____

_____

_____

_____

_____

_____

_____

_____

_____

_____

_____

_____

_____

TIEMPO PARA PRÁCTICA

Empieza memorizando el versículo de la Escritura de la semana.

«El discípulo no es superior a su maestro;
mas todo el que fuere perfeccionado, será como su maestro»
(LUCAS 6,40)

Repasa tu frase *«Voy a»* de esta semana.

Procede con la lectura de las Escrituras de *«La Biblia en un año»* para hoy.
Mientras lees no te olvides, que es importante que uno recuerda a los acrósticos **s.i.e.n.t.a.** y **o.r.a.r.**.

A estas alturas, ya deberías haber reclutado a varias personas para entrar en tu primer *«Grupo de Crecimiento Espiritual»*. Empieza con los preparativos para vuestro primer reunión.

PARA EL TRABAJO EN GRUPO

*Mi frase **«Voy a»**:*

En la línea de lo que acabo de estudiar, esta semana voy a poner en práctica lo siguiente:

_____

_____

_____

_____

_____

_____

_____

_____

_____

_____

_____

_____

_____

_____

_____

_____

_____

_____

_____

_____

_____

_____

_____

_____

_____

DESARROLLO DE
UN CARÁCTER

A SEMEJANZA DE CRISTO

SEMANA CINCO ◀

▶**VERSÍCULO PARA MEMORIZAR**

«Un mandamiento nuevo os doy:
Que os améis unos a otros; como
yo os he amado, que también os améis
unos a otros. En esto conocerán todos
que sois mis discípulos, si tuviereis amor
los unos con los otros.»

(JUAN 13,34-35)

LA IMPORTANCIA DEL CARÁCTER PIADOSO

William Law nació en Inglaterra, en el año 1686. Fue bien educado que amaba al Señor y le servía fielmente. Debido a su negativa a renunciar a sus convicciones mediante la firma de un juramento de lealtad al nuevo rey, Jorge I, Law fue vetado para cualquier cargo oficial en la Iglesia de Inglaterra. No obstante, adquirió una enorme popularidad por escribir y predicar contra el laicismo progresivo y el declive espiritual de su época. Uno de sus sermones más conocidos se publicó en 1728. En este mensaje, llamaba a hombres y mujeres a alejarse de los rituales religiosos vacíos y les instaba a amar a Dios realmente en todos los aspectos de su vida.

Aunque las viejas palabras inglesas de este sermón son difíciles o incómodas de leer para nosotros, el sermón todavía tiene un mensaje poderoso hoy. En una sección del sermón William Law dijo esencialmente que es fácil caer en rituales religiosos vacíos. Es sencillo ofrecer a Dios nuestras palabras, ir a la iglesia, participar en el culto e incluso dar una pequeña ofrenda al Señor. Pero es otra cosa muy distinta poner Jesucristo al centro de nuestra vida y que todo gire a Su alrededor. Es mucho más difícil honrar a Dios con nuestro tiempo y dinero, tenerlo como prioridad en cualquier acto o empeño, dejar que nos cambie de dentro hacia fuera en todos los aspectos de nuestra vida. Sí, este tipo de devoción puede ser más difícil, pero es lo que Jesús quiere de cada uno de nosotros. Lo quiere todo de nosotros, no solo nuestras palabras religiosas. Lo que abordaba Law era la falta de carácter piadoso en su época. Hoy en día ocurre exactamente lo mismo. Mucha gente se sienta a escuchar los sermones, pero muy pocos caminan con Dios. Mucha gente conoce los hechos de la Biblia, pero muy pocos conocen a Jesús de un modo profundo y personal. Mucha gente afirma que sigue a Jesús, pero son pocos los que viven como si siguieran a Jesús. La fuente del problema es la falta de carácter piadoso.

Se ha dicho: *«El carácter es lo que somos cuando nadie nos está mirando»*. Las personas muestran quiénes son en todo momento. Un hombre de negocios revela quién es cuando está solo en su habitación en un viaje de negocios. Los alumnos de instituto revelan quiénes son cuando no tienen a sus padres vigilándolos. Una madre revela quién es cuando escribe un mensaje a su amiga. Somos quienes somos realmente cuando nadie nos mira. Dios promete acogerte y transformarte para que te asemejes cada vez más a Jesús. ¿Cómo podemos cambiar lo que somos por dentro? ¿Cómo se puede transformar nuestro yo interno? Se trata de una pregunta crucial, y la Biblia ofrece una respuesta clara.

Nos transformamos por dentro mediante una relación personal con Jesucristo. En el momento de la salvación, el Espíritu de Dios entra en nuestras vidas y comienza a renovarnos por dentro. El apóstol Pablo dice: «...*Nosotros todos, mirando a cara descubierta como en un espejo la gloria del Señor, somos transformados de gloria en gloria en la misma semejanza, como por el Espíritu del Señor*» **(2 Corintios 3,18)**. Únicamente la gracia de Dios puede transformar nuestros corazones y renovarnos por dentro. Pero ¿cómo nos cambia el Espíritu? ¿Nos despertamos una mañana y nuestro carácter ya es diferente? Eso sería estupendo, pero jamás he visto que ocurra así. Al igual que un escultor profesional, el Espíritu suele utilizar dos herramientas para moldearnos a la imagen de Jesús: **crisis** y **comunidad**.

Cuando atravesamos una crisis, nuestra vida normal y cómoda se tambalea y llegamos a una situación en la que dependemos de la fuerza de Dios y Sus promesas. En la tensión y el conflicto es cuando nos damos cuenta de que las promesas de Dios son verdaderas. Experimentamos la presencia de Dios y empezamos a crecer espiritualmente. Pablo escribe: «*Y no sólo esto, sino que también nos gloriamos en las tribulaciones, sabiendo que la tribulación produce paciencia; y la paciencia, a prueba; y la prueba, esperanza*» **(Romanos 5,3-4)**. El carácter se forja en el fuego de las dificultades. Una vez me reuní con tres hombres devotos y me contaron cada uno una época de su vida en la que crecieron espiritualmente. En todos los casos se trataba de una época de crisis o dificultades. ¡Las crisis forjan el carácter!

Otra herramienta que emplea el Espíritu es la comunidad. Cuando nos apoyamos entre nosotros, cuando oramos por los demás y asumimos la responsabilidad unos por otros, nuestro carácter crece. En **(Romanos 13,12-14)**, Pablo proclama: «*La noche está avanzada, y se acerca el día. Desechemos, pues, las obras de las tinieblas, y vistámonos las armas de la luz. Andemos como de día, honestamente; no en glotonerías y borracheras, no en lujurias y lascivias, no en contiendas y envidia, sino vestíos del Señor Jesucristo, y no proveáis para los deseos de la carne*».

Cuando era adolescente, recuerdo llegar a casa sucio después de trabajar en los campos de maíz. Mi madre me hacía quitarme la ropa y meterla en la lavadora incluso antes de entrar en casa. En ocasiones, nuestros antiguos hábitos y nuestra desobediencia son como la ropa sucia. Huelen mal. Nos quedan mal. No reflejan lo que somos, sino lo que éramos antes. Debemos tomar la decisión de desprendernos de ello y vestirnos con Jesús. Debemos optar por tener un carácter piadoso. Por eso necesitamos a nuestro lado a una comunidad de seguidores de Cristo. Gracias a la rendición de cuentas, a la autenticidad y la confidencialidad empezamos a desprendernos de esos malos hábitos y empezamos a adquirir unos nuevos que honran a Dios. ¿Qué te parece? A lo largo de esta semana vamos a profundizar en cómo crear un entorno que promueva el carácter piadoso.

TIEMPO PARA REFLEXIONAR

¿Cómo definirías el «carácter»?

_____

_____

_____

_____

_____

_____

_____

Reflexiona sobre alguna época en la que Cristo hizo crecer tu carácter.

_____

_____

_____

_____

_____

_____

_____

_____

_____

_____

¿Por qué crees que la «crisis» y la «comunidad» son las herramientas que utiliza Dios

para cambiar nuestro carácter?

_____

_____

_____

_____

_____

_____

_____

TIEMPO PARA PRÁCTICA

Empieza memorizando el versículo de la Escritura de la semana.

«Un mandamiento nuevo os doy: Que os améis unos a otros; como yo os he amado, que también os améis unos a otros. En esto conocerán todos que sois mis discípulos, si tuviereis amor los unos con los otros.» **(JUAN 13,34-35)**

Repasa tu frase *«Voy a»* de esta semana.

Procede con la lectura de las Escrituras de *«La Biblia en un año»* para hoy.
Mientras lees no te olvides, que es importante que uno recuerda a los acrósticos **s.i.e.n.t.a.** y **o.r.a.r.**

Esta semana deberías celebrar tu primera reunión del *«Grupo de Crecimiento Espiritual»*.

TIEMPO PARA ORAR

Dedica un tiempo a agradecer a Dios que utilice las crisis y la comunidad para moldear tu carácter.

RENDICIÓN DE CUENTAS SALUDABLE

Allá por la época en la que William Law estaba predicando, un grupo de jóvenes de Oxford, Inglaterra, se reunía para tomarse en serio su caminar con el Señor. Concluyeron que para que Dios pudiera utilizarlos en algo poderoso debían priorizar la devoción. No todo el mundo tenía el mismo empeño que este grupo. Los críticos los llamaban el *«Club Santo»* para burlarse de su pasión religiosa. Pero el grupo siguió adelante impertérrito. Se reunían para estudiar la Biblia. Se alentaban entre sí y oraban los unos por los otros. Y parte de sus reuniones semanales las dedicaban a la rendición de cuentas personal. Estas son las preguntas que se formulaban entre sí en las reuniones:

- ¿Estoy creando la impresión de manera consciente o inconsciente de que soy mejor de lo que soy en realidad? En otras palabras, ¿soy un hipócrita?
- ¿Revelo secretamente a otras personas lo que se me ha contado en confidencia?
- ¿Se puede confiar en mí?
- ¿Soy esclavo de la moda, los amigos, el trabajo o los hábitos?
- ¿Soy acomplejado, me muestro autocompasivo o pongo excusas?
- ¿Vive la Biblia en mí actualmente?
- ¿Dedico tiempo a la Biblia para que me hable cada día?
- ¿Disfruto de la oración?
- ¿Cuándo fue la última vez que hablé a alguien sobre mi fe?
- ¿Suelo orar por el dinero que gasto?
- ¿Me voy a la cama y me levanto a la hora adecuada?
- ¿Desobedezco a Dios en algún aspecto?
- ¿Insisto en hacer algo con lo que no está tranquila mi conciencia?
- ¿Me siento derrotado en algún aspecto de mi vida?
- ¿Soy celoso, impuro, crítico, irritable, susceptible o desconfiado?
- ¿A qué dedico mi tiempo libre?
- ¿Soy orgulloso?
- ¿Doy a las gracias a Dios por no ser como otras personas, especialmente como los fariseos que despreciaron al publicano?
- ¿Hay alguien a quien temo, repudio, critico, tengo resentimiento, menosprecio o disgusto? Si es así, ¿qué estoy haciendo al respecto?
- ¿Refunfuño o me quejo constantemente?
- ¿Es Cristo real para mí?

En el apéndice de este libro encontrarás más ejemplos de preguntas de carácter para la rendición de cuentas.

Es cierto que repasar esta lista puede intimidar un poco. La mayoría de nosotros no ha dado una respuesta honesta a preguntas como estas en mucho tiempo, o incluso nunca. Pero te pregunto una cosa: ¿en qué cambiaría tu vida si tuvieras a alguien que te hiciera las preguntas difíciles? ¿Qué crees que ocurriría si te tomaras tan en serio tu caminar con Dios como para estar dispuesto a hablar abierta y sinceramente con algunas personas de confianza? Cuando hablamos de la rendición de cuentas personal, hablamos de ser honestos con Dios, con nosotros mismos y con algunas personas de confianza. Alguien me dijo una vez: «la rendición de cuentas nos ayuda a mantener nuestro compromiso con Dios». Me gusta esa definición. No se trata de imponer tus normas o prácticas religiosas a los demás. No se trata de ser la policía de la moral, atenta para abalanzarse y castigar cualquier infracción que se cometa. No se trata de un legalismo opresivo o de señalar con el dedo los fallos de los demás.

La rendición de cuentas personal tiene que ver con ayudar a una persona a ser fiel a lo que Dios ha puesto en su corazón. En cierto modo, la rendición de cuentas es como los guardarraíles. Si alguna vez has conducido por las montañas de Colorado o Nuevo México sabrás lo que es recorrer carreteras serpenteantes y empinadas llenas de nieve. Cuando no hay guardarraíles, me muero de miedo. Me imagino despeñándome por esa empinada ladera hasta mi perdición. Sin embargo, cuando hay guardarraíles en el arcén voy más tranquilo. Si me desvío demasiado cerca del borde, sé que hay algo que me hará regresar a la carretera. Así funciona la rendición de cuentas personal. Una vida sin rendición de cuentas puede caer fácilmente en el fracaso moral, depresión, desaliento o algo peor. No olvides que tenemos un enemigo rondando, esperando encontrar a alguien a quien empujar al precipicio **(1 Pedro 5,8)**. No obstante, cuando tienes amigos fieles a tu lado sabes que te harán volver al camino correcto cuando te acerques demasiado al borde.

Esto es lo que nos dicen las Escrituras: *«antes exhortaos los unos a los otros cada día, entre tanto que se dice: Hoy; para que ninguno de vosotros se endurezca por el engaño del pecado»* **(Hebreos 3,13)**. Si no hay nadie que te haga las preguntas difíciles, es fácil engañar a los demás e incluso a nosotros mismos para que crean que estamos bien espiritualmente cuando no lo estamos. Si no hay nadie que te haga las preguntas difíciles, tu corazón puede ir endureciéndose de tal manera que ya no busque caminar de manera profunda con Jesús. Si no hay nadie que te haga las preguntas difíciles, es posible que el pecado eche raíces en los apartados oscuros de tu vida y crezca. Si no hay nadie que te haga las preguntas difíciles, puedes caer en el desaliento y el aislamiento, en sentir que nadie te entiendo ni se preocupa por ti. Nadie está libre de estos problemas y tentaciones. ¡Ni siquiera tú! Por eso necesitas la rendición de cuentas. Necesitas un lugar donde te animen a hacer cosas buenas y ser la persona que Dios quiere que seas **(Hebreos 10,24-25)**. Necesitas un lugar para confesar tus pecados y orar por los demás **(Santiago 5,16)**. Necesitas un lugar seguro donde admitir tus dificultades y encontrar a otras personas que te ayuden a soportar la carga, sin repudio ni vergüenza **(Gálatas 6,12)**. El rey Salomón, el hombre más sabio que ha existido, escribió: *«Y abundancia de leche de las cabras para tu mantenimiento, para mantenimiento de tu casa, Y para sustento de tus criadas»* **(Proverbios 27,17)**. ¿Quién te está agudizando? ¿Quién se interpone entre el precipicio y tú para mantenerte en la carretera? ¿Quién te hace las preguntas difíciles? ¿Quién es esa persona a la que puedes llamar en plena noche si tienes un problema? ¿Quién te ayuda a mantener tu compromiso con Dios, contigo mismo y con tu familia? Si la respuesta es «nadie», va siendo hora de que hagas algo al respecto.

Las reuniones de tu «Grupo de Crecimiento Espiritual» son un buen momento para poner en práctica tu rendición de cuentas personal. Por su puesto, las lecturas diarias, las anotaciones del diario y la memorización de las Escrituras vienen con cierta rendición de cuentas y son discutidos al comienzo de su reunión durante la parte de «Mirar atrás». También sería este un buen momento para detenerse y formular las preguntas difíciles. Puedes utilizar las preguntas que aparecen en este capítulo, o bien otras que acordéis formularos entre vosotros dentro del grupo. Independientemente de la manera en la que lo estructures, es fundamental sacar en el grupo un rato para la rendición de cuentas personal si queremos obtener un crecimiento personal óptimo y un carácter piadoso. ¿Quién sabe cómo va a transformar Dios vuestro grupo cuando se tomen en serio su caminar con Dios? Los jóvenes universitarios de Oxford abandonaron el «Club Santo» y salieron a cambiar el mundo. John Wesley fue uno de esos jóvenes, e inició un movimiento de hacer discípulos que recorrió toda Europa. Su hermano Charles compuso himnos que se siguen cantando en las iglesias hoy en día. George Whitefield era uno de ellos, y continuó predicando el Evangelio con tanto fervor que provocó el «Gran Despertar» en América e Inglaterra. Muchos otros se hicieron pastores y líderes; hombres entregados a Dios que sirvieron al Señor en su época. ¡Piensa en todo lo que Dios podría hacer a través de tu grupo si lo sigues con fervor!

TIEMPO PARA REFLEXIONAR

¿Qué te ha parecido la lista de preguntas del «Club Santo»?

_____

_____

_____

_____

_____

_____

_____

_____

_____

_____

_____

¿Por qué hay tanta gente que se resiste a la rendición de cuentas personal?

_____
_____
_____
_____
_____
_____
_____
_____
_____
_____
_____

¿Quién es la persona de tu entorno que te hace rendir cuentas de tu caminar con Dios?

_____
_____
_____
_____
_____
_____
_____
_____
_____
_____
_____

TIEMPO PARA PRÁCTICA

Repasa el versículo de las Escrituras que debes memorizar esta semana.

«Un mandamiento nuevo os doy: Que os améis unos a otros; como yo os he amado, que también os améis unos a otros. En esto conocerán todos que sois mis discípulos, si tuviereis amor los unos con los otros.» **(JUAN 13,34-35)**

Repasa tu frase *«Voy a»* de esta semana.

Procede con la lectura de las Escrituras de *«La Biblia en un año»* para hoy.
Mientras lees no te olvides, que es importante que uno recuerda a los acrósticos **s.i.e.n.t.a.** y **o.r.a.r.**.

Esta semana deberías celebrar tu primera reunión del *«Grupo de Crecimiento Espiritual»*.

TIEMPO PARA ORAR

Da las gracias al Señor por las personas en tu vida que amorosamente te hacen rendir cuentas.

AUTENTICIDAD GENUINA

¿**A**lguna vez has fingido ser alguien que no eres? Cuando era niño, recuerdo disfrazarme para Halloween. Este último Halloween, vi a montones de niños disfrazados de muchos personajes. Vi princesitas, vaqueros, astronautas y superhéroes. Un niño (quizá un poco viejo ya para disfrazarse) iba vestido de hombre lobo y mi perro, al que no le gustó nada, le estuvo gruñendo todo el rato. Está bien fingir ser otra persona cuando eres un niño, pero es muy triste cuando lo haces siendo adulto. Por desgracia, es algo que ocurre con mucha frecuencia.

Cuando una persona se presenta por fuera de un modo distinto a como es por dentro, lo llamamos falta de autenticidad. Ser auténtico significa ser real, genuino, consistente: una persona íntegra. Significa que la persona es la misma tanto por dentro como por fuera. Y cuando la autenticidad desaparece, vienen los problemas. Es algo que vi de primera mano cuando estaba en el instituto. Tenía amigos que decían amar a Dios. Estaban siempre en la iglesia y conocían todas las respuestas a las preguntas de la Biblia los domingos, pero cuando estaban en el instituto o lejos de sus padres, eran personas totalmente diferentes. Pronto descubrí que ciertas personas dicen ser una cosa en la iglesia, pero luego viven de un modo diferente el resto de la semana. No es que sea nada nuevo. De hecho, Jesús trató con personas religiosas falsas constantemente. En una ocasión, Jesús tuvo un enfrentamiento intenso con ciertas élites religiosas que criticaban sus motivos y su ministerio. En un estallido de sinceridad y frustración, Jesús se enfrentó con ellos en público.

> « *¡Ay de vosotros, escribas y fariseos, hipócritas! porque limpiáis lo de fuera del vaso y del plato, pero por dentro estáis llenos de robo y de injusticia. ¡Fariseo ciego! Limpia primero lo de dentro del vaso y del plato, para que también lo de fuera sea limpio. ¡Ay de vosotros, escribas y fariseos, hipócritas! porque sois semejantes a sepulcros blanqueados, que por fuera, a la verdad, se muestran hermosos, mas por dentro están llenos de huesos de muertos y de toda inmundicia. Así también vosotros por fuera, a la verdad, os mostráis justos a los hombres, pero por dentro estáis llenos de hipocresía e iniquidad*» (**Mateo 23,25-28**)

La palabra «*hipócrita*» era originalmente un término que se empleaba en el teatro para designar a una persona que fingía ser un personaje en una obra. Por definición, el actor fingía ser alguien que no era. Jesús decía que las personas religiosas eran exactamente iguales, actores que fingían ser religiosos y en consonancia con Dios por fuera, pero que en realidad estaban corrompidos por dentro. Les encantaba llevar túnicas religiosas, ir a lugares religiosas, decir cosas religiosas, pero en lo más profundo sus corazones estaban llenos de ira, odio, amargura, celos y pecado. Además, Jesús asemejaba a estas personas a « *sepulcros blanqueados* ». Hoy en día, si visitas Israel verás que las personas enterradas en el monte de los Olivos están en cajas blancas de piedra caliza ubicadas en la cima de la montaña. A lo lejos, estos sepulcros blancos son hermosas, especialmente cuando el rojo y el naranja del atardecer se refleja en las piedras blancas. Son hermosas por fuera, pero están sucias por dentro.

Mucha gente lleva su vida cristiana de esta manera: fingiendo que todo está bien por fuera, pero por dentro están sufriendo, tienen dificultades, e incluso muriendo. Seamos realistas… Es muy fácil ir a la iglesia y que te vean como una persona con su vida espiritual en orden mientras tu matrimonio se resquebraja. Es muy fácil hablar de amar al prójimo en la iglesia aunque en realidad tengas ideas racistas o resentimiento en tu corazón. Es muy fácil hablar de que las personas necesitan a Cristo con tus amigos cristianos, cuando en privado evitas cualquier ocasión de hablar sobre Jesús. El problema de llevar una vida inauténtico es que creemos que engañamos a todo el mundo, pero no es así. En realidad, la gente nota que nuestro vaso limpio por fuera no se corresponde con nuestro vaso sucio por dentro. Con el tiempo, la gente empieza a pensar que acudir a la iglesia es un ejercicio de hipocresía. La iglesia se convierte en un lugar donde la gente finge amar a Jesús, caminar con Dios y preocuparse por los demás, pero en realidad eso no existe. La única respuesta a este problema es buscar un lugar de autenticidad genuina donde puedas ser sincero contigo mismo y con unos pocos de confianza, y así empezar a trabajar en una vida saludable y plena juntos.

Por eso son tan importantes los «*Grupos de Crecimiento Espiritual*». Estos grupos se convierten en el lugar donde la gente empieza a aprender lo que supone vivir de manera auténtica ante Dios y los demás. ¿Y eso cómo ocurre? He aquí algunas ideas. En primer lugar, si quieres que los miembros de tu «*Grupo de Crecimiento Espiritual*» sean auténticos, tú debes ser auténtico. Debes predicar con el ejemplo. En lugar de fingir que todo es perfecto en tu vida, puedes iniciar a ser ejemplo de una autenticidad genuina: ser sincero con tus dificultades y fallos, y cómo confías en Jesús para que te ayude. Cuanto más sincero seas, más sinceros se volverán los miembros de tu grupo. Otra cosa que puedes hacer es guiarles constantemente hacia una relación profunda y personal con Jesús. La cristiandad auténtica empieza con una relación auténtica con Jesús que se cultiva día a día, momento a momento.

Por eso dedicamos tiempo por rendir cuentas unos a otros por leer y memorizar la Palabra de Dios cada día. Cuando llenas tu mente y tu corazón con la Palabra de Dios, Jesús empieza a romper tu fachada externa y la sustituye por una relación real. No olvides que la honestidad es clave a la hora de desarrollar la autenticidad. Cuando enseñes a tu equipo a aplicar la Palabra de Dios en sus vidas, es importante alentar respuestas honestas y auténticas. Cuando una persona te plantee un problema real, trátalo con amabilidad. Por eso nos dice Santiago aquello de **«Confesaos vuestras** *ofensas unos a otros, y orad unos por otros, para que seáis sanados. La oración eficaz del justo puede mucho»* **(Santiago 5,16)**. Hay algo muy poderoso en la oración y confesión honestas. Cuando esto ocurre, Dios actúa para curarnos y devolvernos a ese punto donde nuestra apariencia externa se corresponde con nuestra condición interna. ¡Ese es el poder de la autenticidad!

TIEMPO PARA REFLEXIONAR

¿Por qué crees que a la gente le cuesta ser auténtica en su caminar con Dios?

_____

_____

_____

_____

_____

_____

Describa un ambiente donde has sentido que podías abrirte y hablar sobre tus dificultades.

_____

_____

_____

_____

_____

_____

_____

_____

_____

_____

_____

TIEMPO PARA PRÁCTICA

Repasa el versículo de las Escrituras que debes memorizar esta semana.

«Un mandamiento nuevo os doy: Que os améis unos a otros; como yo os he amado,
que también os améis unos a otros. En esto conocerán todos que sois mis discípulos,
si tuviereis amor los unos con los otros.» **(JUAN 13,34-35)**

Repasa tu frase *«Voy a»* de esta semana.

Procede con la lectura de las Escrituras de *«La Biblia en un año»* para hoy.
Mientras lees no te olvides, que es importante que uno recuerda a los acrósticos **s.i.e.n.t.a.** y **o.r.a.r.**.

Esta semana deberías celebrar tu primera reunión del *«Grupo de Crecimiento Espiritual»*.

TIEMPO PARA ORAR

Pide al Señor que te ayude a guiar a tu grupo a la autenticidad.

CONFIDENCIALIDAD DE CONFIANZA

Forjar el carácter es algo complicado. No nos podemos engañar. Cuando por fin consigues abrir esa tapa cerrada herméticamente del corazón de una persona y empiezas a ver lo que hay dentro, puedes encontrarte cosas desagradables. Por eso es tan importante la confidencialidad. Cuando una persona empieza a abrirse con sus dificultades y derriba las barreras defensivas que lo han tenido preso tanto tiempo, es imperativo que lo que se comparte en el grupo se quede en el grupo. Nada destruye la confianza tan rápido como romper la confidencialidad. No sabría decirte cuántas veces he hablado con personas que participaban en un grupo y luego lo dejaron. Cuando les preguntaba por qué dejaron de ir, me decían algo parecido a «*compartí un problema con mi grupo y después descubrí que se había enterado gente de fuera del grupo*». Es algo que me pone muy triste. Las Escrituras son muy claras en lo que respecta al poder destructor de nuestras palabras.

> «*Porque todos ofendemos muchas veces. Si alguno no ofende en palabra, este es varón perfecto, capaz también de refrenar todo el cuerpo. He aquí nosotros ponemos freno en la boca de los caballos para que nos obedezcan, y dirigimos así todo su cuerpo. Mirad también las naves; aunque tan grandes, y llevadas de impetuosos vientos, son gobernadas con un muy pequeño timón por donde el que las gobierna quiere. Así también la lengua es un miembro pequeño, pero se jacta de grandes cosas. He aquí, ¡cuán grande bosque enciende un pequeño fuego! Y la lengua es un fuego, un mundo de maldad. La lengua está puesta entre nuestros miembros, y contamina todo el cuerpo, e inflama la rueda de la creación, y ella misma es inflamada por el infierno*»* (Santiago 3.2-6)

Se trata de una dura advertencia sobre el poder de las palabras. Santiago nos advierte de que nuestras palabras inapropiadas pueden destruir lo que Dios está tratando de construir. Decía: «*Si puedes controlar tu lengua, eres una persona perfecta*». ¿Cuántas veces has revelado algo que prometiste guardar en secreto? O ¿cuántas veces has dicho algo en pleno enfado que te gustaría poder retirar? Seguro que recuerdas palabras que te dijeron hace décadas y que siguen doliendo como si te las hubieran dicho ayer. Las palabras son poderosas. Como el timón de una barca, una lengua es pequeña, pero puede cambiar por completo la dirección de tu vida. Una sola palabra hiriente puede hacer que una relación tome una dirección totalmente distinta. Como la brida de un poderoso caballo, la lengua puede hacer buenas o malas las conversaciones. Puede construir o destruir. Como una pequeña chispa, el impacto de nuestras palabras puede provocar un incendio de chismorreo, destrucción y vergüenza que solo deja los restos carbonizados de lo que antes era una amistad.

Santiago decía que este trabajo destructivo es como el fuego del infierno. Lo destruye todo. En el mundo actual de las redes sociales, un mensaje de texto o tuit incorrectos, o una publicación indebida pueden provocar un daño irreversible. Por eso debemos controlar las palabras que salen de nuestra boca y los que escribimos. En vuestro «*Grupo de Crecimiento Espiritual*» es fundamental que establezcas una confidencialidad absoluta.

He aquí algunos consejos para ello:

En primer lugar, habla del poder de nuestras palabras. **(Proverbios 18,21)** dice: «*La muerte y la vida están en poder de la lengua, Y el que la ama comerá de sus frutos*». En segundo lugar, conviene que recuerdes al grupo la importancia vital de guardar nuestras palabras y no romper la confidencialidad. **(Salmo 141,3)** dice: «*Pon guarda a mi boca, oh Jehová; guarda la puerta de mis labios*». Explícales la importancia a «*guardar*» sus bocas y de no hablar sobre lo que se cuenta en este grupo. En tercer lugar, debes dar ejemplo al grupo usando tus palabras para alentar y para orar unos por otros. Por último, ¡empuja al grupo a que se alienten los unos a los otros! **(Efesios 4,29)** dice: «*Ninguna palabra corrompida salga de vuestra boca, sino la que sea buena para la necesaria edificación, a fin de dar gracia a los oyentes*». Todos necesitamos más aliento. Los miembros de tu grupo se enfrentan a diario a personas negativas y críticas. Si encuentran aliento en tu grupo, así como un entorno seguro para contar de manera sincera y honesta sus dificultades, ¡querrán ir allí todas las semanas!

TIEMPO PARA REFLEXIONAR

¿En qué ocasiones has visto que las palabras hicieran daño a alguien?

_____

_____

_____

_____

_____

_____

_____

_____

_____

¿Qué otras opciones propondrías para crear un ambiente confidencial en tu grupo?

_____
_____
_____
_____
_____
_____
_____
_____
_____
_____
_____
_____
_____
_____
_____
_____
_____
_____
_____
_____
_____
_____
_____
_____
_____
_____
_____
_____

TIEMPO PARA PRÁCTICA

Repasa el versículo de las Escrituras que debes memorizar esta semana.

«Un mandamiento nuevo os doy: Que os améis unos a otros; como yo os he amado, que también os améis unos a otros. En esto conocerán todos que sois mis discípulos, si tuviereis amor los unos con los otros.» **(JUAN 13,34-35)**

Repasa tu frase *«Voy a»* de esta semana.

Procede con la lectura de las Escrituras de *«La Biblia en un año»* para hoy.
Mientras lees no te olvides, que es importante que uno recuerda a los acrósticos **s.i.e.n.t.a.** y **o.r.a.r.**.

Esta semana deberías celebrar tu primera reunión del *«Grupo de Crecimiento Espiritual»*.

TIEMPO PARA ORAR

Pide al Señor que proteja la confidencialidad del grupo que estás dirigiendo.

CONVERSACIONES PRIVADAS

En ocasiones, hay situaciones que requieren conversaciones privadas. Cuando trates con problemas de carácter dentro de los límites saludables de la rendición de cuentas, la autenticidad y la confidencialidad, es posible que empiecen a aparecer señales de alarma relacionadas con el carácter. Como líder del grupo puede que te preocupes por el matrimonio de un miembro del grupo o un mal hábito que no para de reaparecer. Quizá notes cierta ira o un resentimiento que se va acumulando. En los grupos saludables, los problemas de carácter no resueltos acaban saliendo a la superficie como los residuos en el fuego en una refinería. Es tu responsabilidad como líder del grupo abordar esos problemas cuando salgan a la superficie. En la mayoría de los casos, no conviene abordar a una persona para estos temas durante el tiempo en grupo. Estas situaciones complicadas requieren conversaciones privadas. En una ocasión, le propuse a alguien de mi grupo que quedáramos para comer. Durante la comida, le comenté mi preocupación por los problemas en su matrimonio que había mencionado en el grupo. En esa conversación privada cara a cara, me abrió realmente su corazón y me contó la situación en su casa. No se pueden realizar todas las labores del ministerio dentro del tiempo de grupo. De hecho, gran parte de estas labores se realizan fuera, entre las reuniones de grupo.

Jesús era consciente de que los problemas de carácter se abordaban mejor cara a cara. Pedro acababa de cometer un enorme fallo de carácter. Tan solo unas horas antes, había jurado defender a Jesús hasta la muerte, pero cuando Jesús fue arrestado y preguntaron directamente a Pedro si era seguidor de Cristo, él lo negó. Cuando el gallo cantó, Pedro recordó las palabras de Jesús: «... *De cierto, de cierto te digo: No cantará el gallo, sin que me hayas negado tres veces»* **(Juan 13,38)**. Pedro huyó avergonzado aquella noche. Era un fallo que pensó que lo marcaría por vida. Sin embargo, tras la resurrección de Jesús, Pedro tuvo un encuentro cara a cara con Cristo que le restableció como líder del nuevo movimiento cristiano.

> *«Cuando hubieron comido, Jesús dijo a Simón Pedro: Simón, hijo de Jonás, ¿me amas más que estos? Le respondió: Sí, Señor; tú sabes que te amo. Él le dijo: Apacienta mis corderos. Volvió a decirle la segunda vez: Simón, hijo de Jonás, ¿me amas? Pedro le respondió: Sí, Señor; tú sabes que te amo. Le dijo: Pastorea mis ovejas. Le dijo la tercera vez: Simón, hijo de Jonás, ¿me amas? Pedro se entristeció de que le dijese la*

tercera vez: ¿Me amas? y le respondió: Señor, tú lo sabes todo; tú sabes que te amo. Jesús le dijo: Apacienta mis ovejas. De cierto, de cierto te digo: Cuando eras más joven, te ceñías, e ibas a donde querías; mas cuando ya seas viejo, extenderás tus manos, y te ceñirá otro, y te llevará a donde no quieras. Esto dijo, dando a entender con qué muerte había de glorificar a Dios. Y dicho esto, añadió: Sígueme» **(Juan 21,15-19)**.

Me encanta la ternura que muestra Jesús en este encuentro cara a cara. Jesús podría haberle dicho: *«Pedro, cuando me negaste me dolió mucho. Estoy muy decepcionado contigo. No creo que seas la persona adecuada para liderar este movimiento».* Podría haber avergonzado a Pedro, haberlo humillado o incluso retirado de cualquier cargo importante en el Reino... ¡pero no lo hizo! Trató el fallo de Pedro del mismo modo que trata nuestros fallos: con gracia y verdad plenas. Jesús se centró en lo más importante del asunto: el amor que sentía Pedro por Él. Jesús le hizo la misma pregunta a Pedro tres veces: *«Pedro, ¿me amas?»* La palabra que empleó Jesús para «amas» viene del griego agape, que significa «amor abnegado y divino». La respuesta de Pedro era *«Sí, Señor, tú sabes que te amo».* La palabra en griego que empleó Pedro para «amo» no fue agape, sino phileo, que significa «amistad profunda». En cierto modo, Jesús le estaba preguntando: *«Pedro, ¿me amas abnegadamente? ¿Me amas con todo tu corazón como te amo yo?»* Pedro no supo muy bien cómo responder. Amaba a Jesús como a un hermano, pero su amor por Él aún podría crecer mucho más. A nosotros nos pasa lo mismo. Amamos a Jesús, pero no del mismo modo que Él nos ama a nosotros. Nuestro amor por Jesús aún puede crecer más. En esta conversación privada, Jesús le dio a Pedro la oportunidad de reafirmar su amor por Él tres veces: una vez por cada negación que Pedro hizo.

Como líder que invierte en las personas, habrá momentos en los que la gente te decepcione. Descubrirás esferas del pecado que están presentes en las vidas de las personas que amas y que intentas guiar. La mejor manera de abordar este problema es imitar el método de Jesús: hablar a solas con ellos y tratar estos problemas en privado. Te preguntarás: *«¿Y qué le digo cuando estemos a solas?»* La respuesta es muy sencilla: sé honesto. Comparte tus observaciones. Dile que estás preocupado por él. Formula las preguntas correctas. Escucha atentamente. Busca la raíz del problema. Si los problemas tienen una dimensión que tú no sabes abordar, pide consejo a algún pastor o consejero cristiano. No tienes por qué solucionar todos los problemas. ¡Ese no es tu trabajo! En última instancia, es Jesús el único que puede sanar las heridas del pasado y romper los vínculos de la adicción o la ira. Tu trabajo es ayudar a esa persona a abordar los problemas de carácter en su vida y guiarle al siguiente paso de su curación. Eso sí puedes hacerlo. Cuando te reúnas con esa persona cara a cara y ores para que Dios le guía, estarás ayudándola a buscar la libertad verdadera que solo llega a través de Jesús.

TIEMPO PARA REFLEXIONAR

¿Alguna vez ha hablado alguien en privado contigo sobre los problemas de carácter en tu vida?
Si es así, ¿cómo fue la experiencia?

_____

_____

_____

_____

_____

_____

¿Qué cosas crees que pueden decirse en un encuentro privado que ayudarían
a una persona a superar sus problemas de carácter?

_____

_____

_____

_____

_____

_____

_____

_____

_____

_____

_____

_____

TIEMPO PARA PRÁCTICA

Repasa el versículo de las Escrituras que debes memorizar esta semana.

«Un mandamiento nuevo os doy: Que os améis unos a otros; como yo os he amado,
que también os améis unos a otros. En esto conocerán todos que sois mis discípulos,
si tuviereis amor los unos con los otros.» **(JUAN 13,34-35)**

Repasa tu frase *«Voy a»* de esta semana.

Procede con la lectura de las Escrituras de *«La Biblia en un año»* para hoy.
Mientras lees no te olvides, que es importante que uno recuerda a los acrósticos **s.i.e.n.t.a.** y **o.r.a.r..**

Esta semana deberías celebrar tu primera reunión del *«Grupo de Crecimiento Espiritual»*.

TIEMPO PARA ORAR

Pide protección para tu grupo y sabiduría y discernimiento para guiar a otros.

RESOLVER CONFLICTOS

Los conflictos ocurren. Incluso en las mejores relaciones, los conflictos acaban llegando. Incluso las personas buenas que aman a Dios y buscan lo mejor pueden estar en desacuerdo. Y cuando el desacuerdo no se resuelve, puede dar lugar a un conflicto en toda regla. Es muy probable que a lo largo de tu proceso de invertir en las personas te encuentres conflictos. El conflicto puede ocurrir entre personas de tu grupo o entre alguien del grupo y tú. La cuestión no es si habrá conflictos, sino cuándo ocurrirán. Hay que tener algo muy presente: No todos los conflictos son malos. A menudo, Dios utiliza el conflicto para llevarnos a una mayor dependencia y unidad con Él. La iglesia en los primeros años afrontó un conflicto respecto a la distribución diaria de comida para viudas griegas y hebreas **(Hechos 6,1-6)**. Este problema tenía que ver con una grieta de división racial muy asentada en su cultura. El conflicto era real, pero dio a la iglesia la oportunidad de demostrar la gracia de Dios de un modo insólito en aquella época.

En otra ocasión, la iglesia experimentó un conflicto grave relacionado con la cuestión teológica básica de quién puede ser salvado. El Consejo de Jerusalén accedió a debatir este tema tan serio **(Hechos 15)**. Mediante un debate abierto y un diálogo en oración, los apóstoles y los dirigentes de la iglesia llegaron a un consenso que permitió al Evangelio seguir avanzando con paso firme. En cada uno de estos casos, se produjo un conflicto que, de no haber sido abordado debidamente, habría afectado gravemente al crecimiento de la iglesia. En ambos casos, la Gracia de Dios se puso de manifiesto de un modo que reportó unidad y esperanza. Dios sigue queriendo esto en Su iglesia hoy en día. La incapacidad para abordar los conflictos de un modo piadoso y bíblico es uno de los principales motivos por los que vemos a muchas iglesias atacadas y el Evangelio estancado. ¿Cómo debes resolver el conflicto en tu grupo? Jesús habla de ello directamente.

«Por tanto, si tu hermano peca contra ti, ve y repréndele estando tú y él solos; si te oyere, has ganado a tu hermano. Mas si no te oyere, toma aún contigo a uno o dos, para que en boca de dos o tres testigos conste toda palabra. Si no los oyere a ellos, dilo a la iglesia; y si no oyere a la iglesia, tenle por gentil y publicano. De cierto os digo que todo lo que atéis en la tierra, será atado en el cielo; y todo lo que desatéis en la tierra, será desatado en el cielo. Otra vez os digo, que si dos de vosotros se pusieren de acuerdo en la tierra acerca de cualquiera cosa que pidieren, les será hecho por mi Padre que está en los cielos. Porque donde están dos o tres congregados en mi nombre, allí estoy yo en medio de ellos» **(Mateo 18,15-20)**.

Jesús expuso un esquema para la resolución de conflictos que te resultará útil a la hora de guiar a tu grupo. Recuerda que no debes ignorar el conflicto porque eso nunca resuelve nada. Jesús empezó diciendo: «... *si tu hermano peca contra ti, ve y repréndele*». Aborda el problema directamente. Reconoce la ofensa, pero hazlo en privado. Al igual que dijimos ayer, las conversaciones cara a cara son la mejor manera de gestionar las cuestiones sensibles. Aquí es donde mucha gente se equivoca. En lugar de abordar directamente a la persona que les ha ofendido, acuden a otros para hablarles de esa persona. Puede que lo hagan con el pretexto de que necesitan consejo o desahogarse, pero Jesús nos ha instado claramente a acudir a esa persona directamente. Si consigues resolver la situación entre vosotros dos, habrás «*ganado a tu hermano*». Se restaura la unidad. Se mantiene la paz.

Pero ¿qué ocurre cuando esa persona no reconoce la ofensa ni busca la reconciliación? En ese caso, Jesús dijo que tomara uno o dos más que pudieran alentar la reconciliación. El objetivo de todo este proceso es resolver el problema y recuperar la relación. Si la persona escucha, el conflicto se resuelve. Si no es así, tal y como dijo Jesús: «*dilo a la iglesia*». Es decir, que en este punto deberían implicarse los dirigentes de la iglesia para cooperar contigo en la resolución del conflicto. Cuando se implican los líderes de la iglesia, es su responsabilidad buscar la guía del Espíritu mientras ellos trabajan en el problema sabiamente y en oración. Jesús promete dar a estos líderes autoridad y sabiduría a la hora de decidir lo mejor para todos los implicados.

Cuando guíes a tu grupo, Dios te dará sabiduría para resolver los conflictos que puedan surgir. No olvides que ignorar el conflicto es como ignorar un pequeño incendio en tu casa: nunca desaparece, siempre se hace más grande. Abórdalo con gracia y paciencia. Como Pablo dijo al joven Timoteo: «*...redarguye, reprende, exhorta con toda paciencia y doctrina*» **(2 Timoteo 4,2)**. Procura revisar tus propias motivaciones y buscar «*vigas*» en el ojo propio que puedan estar contribuyendo al problema **(Mateo 7,3-5)**. Y sobre todo, ora para que Dios utilice este conflicto para demostrar Su gracia de un modo poderoso y que pueda cambiar vidas.

TIEMPO PARA REFLEXIONAR

¿Por qué crees que no se suelen abordar los conflictos?

_____

_____

_____

_____

_____

_____

¿Qué te ha llamado más la atención de la lectura de hoy?

_____
_____
_____
_____
_____
_____
_____
_____
_____
_____

Describe un conflicto que hayas experimentado recientemente y explica cómo lo abordaste.

_____
_____
_____
_____
_____
_____
_____
_____
_____
_____
_____
_____

TIEMPO PARA PRÁCTICA

Repasa el versículo de las Escrituras que debes memorizar esta semana.

«Un mandamiento nuevo os doy: Que os améis unos a otros; como yo os he amado, que también os améis unos a otros. En esto conocerán todos que sois mis discípulos, si tuviereis amor los unos con los otros.» **(JUAN 13,34-35)**

Repasa tu frase *«Voy a»* de esta semana.

Procede con la lectura de las Escrituras de *«La Biblia en un año»* para hoy.
Mientras lees no te olvides, que es importante que uno recuerda a los acrósticos **s.i.e.n.t.a.** y **o.r.a.r.**

Esta semana deberías celebrar tu primera reunión del *«Grupo de Crecimiento Espiritual»*.

TIEMPO PARA ORAR

Pide protección para tu grupo y valor para afrontar los conflictos rápidamente.

TU DÍA PARA ORAR

Hoy no tienes ninguna lectura adicional. Dedica tiempo a la Palabra de Dios, escucha Su voz y ora fervientemente por tus amigos perdidos.

TIEMPO PARA REFLEXIONAR

Esta semana hemos hablado de desarrollar el carácter en tus discípulos.
¿Qué preguntas te han venido a la mente a lo largo del estudio de esta semana?

_____

_____

_____

_____

_____

_____

_____

_____

_____

_____

_____

_____

_____

_____

¿Qué es lo que más te inquieta acerca de asociarte con Dios
para cultivar un carácter piadoso en los demás?

_____

_____

_____

_____

_____

_____

_____

_____

_____

_____

_____

_____

_____

_____

_____

_____

_____

_____

_____

_____

_____

_____

_____

_____

TIEMPO PARA PRÁCTICA

Repasa el versículo de las Escrituras que debes memorizar esta semana.

«Un mandamiento nuevo os doy: Que os améis unos a otros; como yo os he amado, que también os améis unos a otros. En esto conocerán todos que sois mis discípulos, si tuviereis amor los unos con los otros.» **(JUAN 13,34-35)**

Repasa tu frase *«Voy a»* de esta semana.

Procede con la lectura de las Escrituras de *«La Biblia en un año»* para hoy.
Mientras lees no te olvides, que es importante que uno recuerda a los acrósticos **s.i.e.n.t.a.** y **o.r.a.r.**.

Esta semana deberías celebrar tu primera reunión del *«Grupo de Crecimiento Espiritual»*.

PARA EL TRABAJO EN GRUPO

Mi frase **«Voy a»**:

En la línea de lo que acabo de estudiar, esta semana voy a poner en práctica lo siguiente:

_____

_____

_____

_____

_____

_____

_____

_____

_____

_____

_____

_____

_____

_____

_____

_____

_____

_____

_____

_____

_____

EL COSTO DE HACER
DISCÍPULOS

SEMANA SEIS

▶ **VERSÍCULO PARA MEMORIZAR**

«Así, pues, cualquiera de vosotros que no renuncia a todo lo que posee, no puede ser mi discípulo»

(LUCAS 14,33)

CAMBIO DE PARADIGMA

Dietrich Bonhoeffer se crio en una familia alemana de clase media-alta formada por médicos y científicos. Por eso, cuando les dijo a sus padres que quería estudiar teología, no se alegraron demasiado. Años más tarde, Dietrich se convertiría en uno de los principales teólogos y pensadores del siglo XX. No se le recuerda tanto por sus sermones públicos como por su valiente postura contra la ola masiva de vileza que azotaba a su país. Bonhoeffer sirvió en iglesias de Alemania durante la Segunda Guerra Mundial y fue testigo de la lucha dentro de la Iglesia Alemana, que soportaba cada vez más presión del emergente régimen nazi. Dado que la Iglesia Alemana apoyaba oficialmente el programa ario, Bonhoeffer se separó y lideró la fundación de un nuevo movimiento llamado Iglesia Confesante, más fiel a las Escrituras. Se unió clandestinamente a un movimiento de resistencia y posteriormente participó en una trama fallida para asesinar a Adolf Hitler. Tan solo unos meses después de cumplir 39 años fue ahorcado en un campo de concentración de Flossenburg. Dietrich era un hombre que entendió, más que la mayoría de creyentes, el costo del discipulado. Era un cristiano rodeado de sufrimiento, sino que lo aceptó con devoción a Dios y a las personas que él amaba. He aquí algunas de sus citas más extraordinarias de su libro *«El Costo del Discipulado»*:

«Soportar la cruz no es una tragedia, es el sufrimiento que es fruto de una lealtad exclusiva a Jesucristo».

«Cuando Cristo llama a una persona Él le invita a venir y morir».

«Una gracia barata es la gracia que nos otorgamos a nosotros mismo. La gracia barata es la predicación del perdón sin arrepentimiento, el bautismo sin disciplina eclesiástica, la eucaristía sin confesión de los pecados, la absolución sin confesión personal. La gracia barata es la gracia sin el seguimiento de Cristo, la gracia sin cruz, la gracia sin Jesucristo vivo y encarnado».

«La gracia cara es el tesoro oculto en el campo por el que el hombre vende todo lo que tiene; es la perla preciosa por la que el mercader entrega todos sus bienes; es el reino de Cristo por el que el hombre se arranca el ojo que le escandaliza; es la llamada de Jesucristo que hace que el discípulo abandone sus redes y le siga».

«Un acto de obediencia es mejor que cien sermones».

Bonhoeffer transmitió a su generación la sencilla verdad de que seguir a Jesús requiere un sacrificio. Esa fue la lección que Jesús enseñó a Sus discípulos cuando llegaba a los últimos meses de Su ministerio terrenal. Jesús había llevado a Sus discípulos a la región de Cesarea de Filipo, al norte de Israel. Era un lugar plagado de ídolos paganos donde se adoraba a dioses extranjeros. En ese entorno tan hostil, Jesús proclamó que construiría Su iglesia, y las puertas del Hades no prevalecerán contra ella. Jesús quería decir que «*No importa cuán oscuro se vuelva el mundo; nada puede apagar la luz del Evangelio*».

Este fue un momento clave en la vida de Jesús. Fue ahí cuando reunió a Sus discípulos y les dijo: **«*Y decía a todos: Si alguno quiere venir en pos de mí, niéguese a sí mismo, tome su cruz cada día, y sígame» (Lucas 9,23)*.** Tan solo unos meses antes de enfrentarse a la cruz, empezó a hablar con claridad y a menudo acerca del costo de ser discípulo y hacer discípulos que hacen discípulos. Decía que seguirlo exigía renunciar a los intereses propios a diario y tener el Reino de Dios como prioridad. Decía que seguirlo suponía soportar nuestra propia cruz, un instrumento de sufrimiento y muerte, y ponerlo a Él en primer lugar en cualquier circunstancia. En resumen, lo que Jesús quería decir es que seguirlo exigía sufrimiento, sacrificio y abnegación. **(Lucas 9,51)** dice que Jesús **«*afirmó su rostro para ir a Jerusalén»*.** La frase «*afirmó su rostro*» podría traducirse como «*decidió*», «*resolvió*»; «*resoluto*». Jesús estaba decidido a ir a Jerusalén.

En esta época empezó a revelar a Sus discípulos la muerte que afrontaría allí. **«*Es necesario que el Hijo del Hombre padezca muchas cosas y sea desechado por los ancianos, y por los principales sacerdotes y por los escribas, y que sea muerto y resucite al tercer día» (Lucas 9,22)*.** Esta fue la primera de tres predicciones de su muerte, entierro y resurrección **(Mateo 16,21; 17,22-23; 20,18-19)**. Lo que aguardaba a Jesús en Jerusalén era sufrimiento y sacrificio. Fue también en esta época cuando los discípulos de Jesús empezaron a multiplicarse. Los doce se multiplicaron rápidamente a 70, y fueron desplegados por Jesús para ir a predicar y realizar milagros en Su nombre **(Lucas 10,1)**. Poco después, volvieron regocijándose por las maravillas que habían visto y por las personas que habían llegado a la fe en Cristo **(Lucas 10,17)**. El movimiento acababa de llegar a su cuarta generación: Jesús, los discípulos, los 70 y los nuevos creyentes. El movimiento era ya imparable. Y esta realidad hizo que Jesús se regocijara **(Lucas 10,21)**. La visión se convertía en realidad. Pero esa realidad no podría llegar sin sacrificio. No llegaría sin el sufrimiento y la abnegación.

Para poder multiplicar tu vida, es necesario un cambio de paradigma. En lugar de vivir para complacerte a ti mismo, y en lugar de vivir para alcanzar metas temporales, es necesario que renuncies a tus intereses egoístas y empieces a vivir por los demás. Tendrás que renunciar en ocasiones a tu propia comodidad y conveniencia para poder obedecer plenamente el mandato de Jesús. Jesús dijo en **(Juan 12,24)**: **«*De cierto, de cierto os digo que si el grano de trigo no cae en la tierra y muere, se queda solo; pero si muere, lleva mucho fruto»*.** Muchas personas se salvaron gracias al sacrificio de Jesús en la cruz. Del mismo modo, cuando te niegas a ti mismo y a los planes que tienes para tu vida, solo entonces puede Dios multiplicar verdaderamente tu vida de un modo poderoso.

En efecto, era la misma manera de pensar que tenía el apóstol Pablo, quien dijo: **«Porque para mí el vivir es Cristo, y el morir es ganancia»** (Filipenses 1,21). Dijo también: **«Con Cristo estoy juntamente crucificado, y ya no vivo yo, mas vive Cristo en mí...»** (Gálatas 2,20). Pablo tomó la decisión de que iba a vivir para Jesús en todas circunstancias, y su vida todavía está dando fruto hoy. Él inició por sí solo un movimiento llevando el Evangelio a las naciones. Y tú, ¿cómo vas a vivir tu vida? ¿Vas a vivirla para ti mismo o vas a entregar tu vida a algo mucho más grande? No te haces una idea de lo que Dios puede hacer con tu vida si la vivieras plenamente y apasionada para Él. ¡No malgastes tu vida, multiplícala!

TIEMPO PARA REFLEXIONAR

¿Qué te viene a la mente cuando lees la frase «el costo del discipulado»?

_____

_____

_____

_____

_____

_____

¿Qué cita de Dietrich Bonhoeffer te ha llamado más la atención? ¿Por qué?

_____

_____

_____

_____

_____

_____

_____

_____

_____

¿Por qué crees que a tanta gente le cuesta poner a Jesús en primer lugar en sus vidas?

_____

_____

_____

_____

_____

_____

_____

TIEMPO PARA PRÁCTICA

Empieza memorizando el versículo de la Escritura de la semana.

«Así, pues, cualquiera de vosotros que no renuncia a todo lo que posee,
no puede ser mi discípulo».
(LUCAS 14,33)

Repasa tu frase *«Voy a»* de esta semana.

Procede con la lectura de las Escrituras de *«La Biblia en un año»* para hoy.
Mientras lees no te olvides, que es importante que uno recuerda a los acrósticos **s.i.e.n.t.a.** y **o.r.a.r.**.

Esta semana vas a guiar a tu *«Grupo de Crecimiento Espiritual»*
en la primera sesión de *«Camina con Dios»*.

TIEMPO PARA ORAR

Pide al Señor que cambie tu pensamiento de vivir para complacer
a ti mismo a vivir para complacer al Señor.

EL COSTO DE LA COMODIDAD

Según la Comisión de Ética y Libertad Religiosa de la Convención Bautista del Sur, «*se ha martirizado a más cristianos en el siglo XX que en todos los siglos anteriores juntos*». Estiman que en la actualidad hay más de 200 millones de cristianos perseguidos en todo el mundo, y citan estadísticas de Nigeria, India e Irak. Muchos creyentes viven en lugares muy oscuros y hostiles del mundo, y están en una situación muy precaria y vulnerable. Estos creyentes son personas como tú y como yo. Tienen familias, amigos y un hogar. Tienen sus preocupaciones y temores respecto al futuro. Solo quieren lo mejores para sus seres queridos. Sin embargo, optan por seguir a Jesús aun sabiendo que encontrarán una enorme oposición y deberán pagar un costo alto.

Como mencioné ayer, el ministerio de Jesús dio un giro importante en los últimos nueve meses de Su vida. Jesús proclamó esto a los discípulos: **«*Si alguno quiere venir en pos de mí, niéguese a sí mismo, y tome su cruz cada día y sígame*» (Lucas 9,23)**. Jesús se centró en dos cosas: multiplicar el movimiento y el costo asociado a esa multiplicación. A partir de este momento, vemos a Jesús en los Evangelios llamando en repetidas ocasiones a Sus seguidores al sacrificio, a una lealtad radical hacia Él sin importar el costo. Por tanto, no es de extrañar que cuando Jesús se encontró a tres posibles discípulos, les instó a seguirlo y a olvidarse de excusas e impedimentos.

> *«Yendo ellos, uno le dijo en el camino: Señor, te seguiré adondequiera que vayas. Y le dijo Jesús: Las zorras tienen guaridas, y las aves de los cielos nidos; mas el Hijo del Hombre no tiene dónde recostar la cabeza. Y dijo a otro: Sígueme. Él le dijo: Señor, déjame que primero vaya y entierre a mi padre. Jesús le dijo: Deja que los muertos entierren a sus muertos; y tú ve, y anuncia el reino de Dios. Entonces también dijo otro: Te seguiré, Señor; pero déjame que me despida primero de los que están en mi casa. Y Jesús le dijo: Ninguno que poniendo su mano en el arado mira hacia atrás, es apto para el reino de Dios» (Lucas 9,57-62)*

DONDE TÚ ME GUÍES

Un hombre se acercó a Jesús y le dijo: «*Jesús, te seguiré a donde tú vayas*». Eso suena muy bien. La mayoría de nosotros habríamos aceptado gustosamente a ese joven en ese momento, pero Jesús no. De hecho, Jesús puso a prueba el idealismo del joven. Le dijo: «*Las zorras tienen un hogar y los pájaros tienen nidos, pero yo no tengo casa. Si quieres seguirme, debes renunciar a las cosas tangibles que te dan seguridad y seguirme a donde yo te guíe».* Recuerdo que en mi infancia cantaba un viejo himno: *«Donde quiera que lleve Iré, Donde quiera que lleve Iré, Seguiré a mi Cristo que me ama tanto, Donde quiera que lleve Iré».* Es fácil cantar esas palabras, pero es difícil vivirlas. Seguir a Jesús implica decir: *«Jesús, eres mi guía. Tú decides el recorrido y la dirección de mi vida. Donde tú me guíes, allí te seguiré».*

CUANDO TÚ ME LLAMES

Un segundo hombre se acercó a Jesús y le juró lealtad. Jesús le ofreció la misma invitación que a tantos otros: *«Sígueme».* Sin embargo, de inmediato le surgió otro asunto acuciante. *«Deja que vaya PRIMERO a enterrar a mi padre».* Parece una petición más que razonable, hasta que uno cae en que probablemente su padre no había muerto aún. Lo que estaba diciendo en realidad era: *«Jesús, quiero seguirte, pero ahora mismo no puedo. Cuando mi padre fallezca, entonces te daré toda mi atención».* Esto explica por qué respondió Jesús de esa manera. *«Deja que los muertos entierren a sus muertos pero tú, ve y anuncia el reino de Dios».* De hecho, Jesús estaba diciendo: *«Deja que los muertos (espiritualmente) entierren a sus muertos (físicamente), pero debes elegir vivir tu vida proclamando el Evangelio».*

Siempre están aquellos que desean seguir a Jesús e invertir sus vidas de un modo poderoso, pero nunca es un buen momento para ellos. Hay quien dice: *«Cuando termine el instituto y no esté tan ocupado, me dedicaré a servir a Jesús».* O *«cuando termine la universidad y tenga algo más de tiempo libre, seguiré a Jesús».* Y luego vienen los *«cuando me case...»,* o *«cuando tenga hijos y mi vida esté más asentada...»,* o *«cuando esté en otra etapa menos ocupada de mi vida...»,* o *«cuando mis hijos se independicen...»,* o *«cuando me jubile...».* Como ves, en cada etapa de la vida esperamos que en la etapa siguiente tengamos más tiempo para Jesús, pero eso no funciona así. ¡El momento para vivir por Jesús es ahora!

LO QUE SEA NECESARIO

Un último hombre se ofreció a seguir a Jesús, pero solo según sus condiciones. **«...déjame que me despida primero de los que están en mi casa»,** pidió. Jesús le respondió rápidamente: **«Ninguno que poniendo su mano en el arado mira hacia atrás, es apto para el reino de Dios».** Esta conversación es distinta a las otras dos, pero es muy parecida a la llamada de Eliseo en **(1 Reyes 19,20)**. En ella, el profeta Elías encontró a su nuevo discípulo Eliseo arando un campo con doce bueyes. El profeta arrojó su manto de liderazgo a los hombros de Eliseo: una llamada evidente al discipulado. Sin embargo, Eliseo hizo una petición. *«Te ruego que me dejes besar a mi padre y a mi madre, y luego te seguiré».* Su petición fue concedida, y procedió a seguir a su maestro, Elías. La petición de este hombre es similar a la de Eliseo, y Jesús le responde haciendo una referencia a arar en un campo. Pero Jesús tenía algo importante que decir en Su respuesta. *«Sí, la petición de Eliseo fue concedida, pero ¿y si te la deniego? ¿Aun así me seguirías? ¿Estás dispuesto a seguirme únicamente con mis condiciones? ¿Estás dispuesto a hacer lo que sea necesario para seguirme?»* Es una pregunta muy penetrante. ¿Estás dispuesto a hacer lo que sea necesario para seguir a Jesús? ¿Estás dispuesto a seguirlo aunque sus condiciones no concuerden con tus planes futuros?

A menudo, seguir a Jesús tiene su costo. Es el Maestro. Es el Rey. Cuando extiende Su llamada al discipulado, te está pidiendo que lo sigas: donde Él te guíe, cuando Él te llame y haciendo lo que sea necesario.

TIEMPO PARA REFLEXIONAR

¿Con cuál de estos tres hombres te identificas más? ¿Por qué?

¿Cómo te ha costado algo en tu nivel de comodidad para seguir a Jesús?

_____
_____
_____
_____
_____
_____
_____
_____
_____
_____
_____
_____
_____
_____
_____
_____
_____
_____
_____
_____

TIEMPO PARA PRÁCTICA

Repasa el versículo de las Escrituras que debes memorizar esta semana.

«Así, pues, cualquiera de vosotros que no renuncia a todo lo que posee,
no puede ser mi discípulo».
(LUCAS 14,33)

Repasa tu frase *«Voy a»* de esta semana.

Procede con la lectura de las Escrituras de *«La Biblia en un año»* para hoy.
Mientras lees no te olvides, que es importante que uno recuerda a los acrósticos **s.i.e.n.t.a.** y **o.r.a.r.**.

Esta semana vas a guiar a tu *«Grupo de Crecimiento Espiritual»*
en la primera sesión de *«Camina con Dios»*.

TIEMPO PARA ORAR

Pide al Señor que te muestre cualquier conflicto que tengas y que te impida hacer discípulos.

EL COSTO DE LA CONVENIENCIA

Seguir a Jesús y hacer discípulos te costará cierta conveniencia. Hacia el final de su vida, el apóstol Pablo se sentó a escribir su última carta a Timoteo, su joven discípulo. En su carta, animaba a Timoteo a seguir haciendo discípulos e invirtiendo en las personas. *«Tú, pues, hijo mío, esfuérzate en la gracia que es en Cristo Jesús. Lo que has oído de mí ante muchos testigos, esto encarga a hombres fieles que sean idóneos para enseñar también a otros»* **(2 Timoteo 2,1-2)**. Timoteo ya no era precisamente un niño; era un veterano experto en el ministerio, pero era la forma cariñosa que tenía Pablo de llamarlo. Pablo abre su corazón a Timoteo en esta bonita carta. Prosigue: *«Lo que has oído y visto de mí... encárgalo a hombres fieles que lo puedan enseñar a otros»*. La palabra «encarga» significa literalmente *«poner al lado»* o *«dejar al cuidado de alguien»*. Pablo estaba diciendo: *«A mí se me ha confiado el Evangelio»*, **(2 Timoteo 1,12)**, y *«Timoteo, se te ha confiado el Evangelio»*, **(2 Timoteo 1,14)**. *«Ahora debes seguir confiando el Evangelio a otras personas; a hombres fieles»*.

Al igual que en las carreras de relevos, Pablo había corrido su vuelta y estaba pasando el testigo a Timoteo, pidiéndole que se asegurara de entregarlo a alguien que pudiera continuar la carrera. Y eso fue exactamente lo que hizo Timoteo. ¿Sabes por qué lo sé? Porque estamos hablando de Jesús en la actualidad. El Evangelio llegó a tus manos porque alguien lo recibió antes, corrió su parte de la carrera y te lo entregó a ti. Este es uno de los pasajes más conocidos de la Biblia donde se describe lo que llamamos *«hacer discípulos»*. Robert Coleman, autor de *«Plan supremo del evangelización»*, dijo: *«la prueba de toda vida cristiana es la multiplicación de esa vida en los demás»*. Hacer discípulos tiene como resultado la multiplicación. Pablo mencionó cuatro generaciones: Pablo, Timoteo, hombres fieles y otros también. Así es como se impulsa un movimiento. Los misiólogos dicen que cuando un movimiento llega a la tercera y cuarta generación, ¡se vuelve imparable! Hay dos maneras en las que puedes vivir tu vida: como **consumidor espiritual**, recibiendo bienes y servicios religiosos, agradecido por todo lo que Jesús ha hecho, pero buscando siempre a alguien que te pueda alimentar, inspirar, estimular y ayudar. O bien puedes vivir como **inversor espiritual**, caminando con Dios por tu cuenta, maduro y asentado, invirtiendo tu vida en otras personas; enseñándoles a hacer lo mismo. ¡Dios quiere que inviertas tu vida! ¡Por esto estás aquí! Este es el trabajo que nos ha encomendado Jesús. Ahora te preguntarás: *«Si es tan importante invertir nuestras vidas, ¿por qué no lo hace más gente?»* Hay ciertos peligros en el camino que impiden a la gente invertir su vida, y Pablo identifica cada uno de ellos y nos da una idea de cómo superarlos.

NO TE DISTRAIGAS

«Tú, pues, sufre penalidades como buen soldado de Jesucristo. Ninguno que milita se enreda en los negocios de la vida, a fin de agradar a aquel que lo tomó por soldado» **(2 Timoteo 2,3-4)**. Un buen soldado no se distrae de su misión. Está totalmente centrado en aquello para lo que se ha entrenado, lo que se le ha encargado; y aquello que le ha ordenado su oficial superior. La misión está por encima de todo lo demás. No se entretiene con cosas propias de los civiles; no se entretiene con cosas secundarias. Pablo estaba diciendo: *«Timoteo, sé cómo un soldado. ¡No te distraigas! No te entretengas en otros intereses»*. Hay personas tan ocupadas con sus pasatiempos, sus equipos deportivos, su trabajo, carrera o familia que no dejan hueco para invertir su vida en los demás. Están más preocupados por complacerse a sí mismos y a otras personas que a Jesús.

QUE NO TE DESCALIFIQUEN

«Y también el que lucha como atleta, no es coronado si no lucha legítimamente» **(2 Timoteo 2,5)**. Pablo estaba pensando en los Juegos Ístmicos y los Juegos Olímpicos. En los Juegos Olímpicos de Verano de 2016, el equipo olímpico ruso de atletismo fue descalificado por consumo de sustancias ilegales. No respetaron las normas y fueron eliminados de la competición. Del mismo modo, no basta con estar entrenados para caminar con Dios; es necesario vivir de un modo piadoso para que otros puedan seguirnos, o seremos descalificados. En mi vida he conocido a personas increíbles que conocían la Biblia, eran grandes oradores y líderes, pero se descalificaban por falta moral. Eso es lo que Pablo dijo en **(1 Corintios 9,25-27)**: *«Todo aquel que lucha, de todo se abstiene; ellos, a la verdad, para recibir una corona corruptible, pero nosotros, una incorruptible. Así que, yo de esta manera corro, no como a la ventura; de esta manera peleo, no como quien golpea el aire, sino que golpeo mi cuerpo, y lo pongo en servidumbre, no sea que habiendo sido heraldo para otros, yo mismo venga a ser eliminado»*. Pablo le estaba diciendo a Timoteo: *«Has sido entrenado, pero cuidado con cómo vives. No relajes las reglas, no tomes atajos morales, no rondes los bordes morales. No dejes que los fallos morales te descalifiquen para ser utilizado de un modo importante»*.

NO TE DESALIENTES

«El labrador, para participar de los frutos, debe trabajar primero» **(2 Timoteo 2,6)**. Yo me crie en una comunidad agrícola. Algunos de mis amigos eran agricultores. Mis primeros trabajos fueron en los campos. Y lo que aprendí de joven es que los agricultores trabajan muy duro. Soportan calor, frío, lluvias, sequías y viento. Trabajan todo el día e incluso hasta la noche en muchas ocasiones. Su trabajo es a menudo rutinario y tedioso, y no ven resultados inmediatos. Tienen que esperar. Son conscientes de que sus esfuerzos son limitados y, en última instancia, el crecimiento depende de Dios. Saben que si no desisten acabarán teniendo una cosecha. Hacer discípulos es similar a la agricultura. Cuando discípulas a otra persona, en ocasiones no se ven resultados inmediatos. Sigues estando ahí; sigues amando; sigues desafiando; sigues dando de ejemplo. Te preguntas si estará calando algo. Pero en todo ese proceso, es Dios quien provoca el crecimiento. Dijo Pablo a la iglesia de Corinto: *«Yo planté, Apolos regó; pero el crecimiento lo ha dado Dios»* **(1 Corintios 3,6)**. Por eso hay que seguir adelante. No hay que renunciar. Si sigues invirtiendo, sabes que acabarás teniendo cosecha.

A menudo resulta inconveniente invertir tu vida en los demás. Demandan más tiempo del que imaginas, más energía de la que tienes, más oración de la que puedas pensar, y más amor del que puedas reunir. Pero si inviertes en ellos a pesar de todo, si no te distraes, si no te descalificas y no te desalientas, Dios hará maravillas a través de ti que le reportarán gran gloria.

TIEMPO PARA REFLEXIONAR

¿En qué sentido es inconveniente invertir en las personas?

_____

_____

_____

_____

_____

_____

_____

Pablo le dijo a Timoteo que «encarga» el Evangelio a otros. ¿Quién te lo ha encargado a ti?

¿A quién le estás encargando el Evangelio ahora mismo?

_____

_____

_____

_____

_____

_____

_____

_____

_____

¿Cuál de los tres peligros de la inversión te ha llamado más la atención? ¿Por qué?

_____

_____

_____

_____

_____

_____

_____

_____

_____

_____

_____

_____

_____

_____

_____

_____

_____

_____

_____

_____

_____

_____

_____

TIEMPO PARA PRÁCTICA

Repasa el versículo de las Escrituras que debes memorizar esta semana.

«Así, pues, cualquiera de vosotros que no renuncia a todo lo que posee,
no puede ser mi discípulo».
(LUCAS 14,33)

Repasa tu frase *«Voy a»* de esta semana.

Procede con la lectura de las Escrituras de *«La Biblia en un año»* para hoy.
Mientras lees no te olvides, que es importante que uno recuerda a los acrósticos **s.i.e.n.t.a.** y **o.r.a.r.**.

Esta semana vas a guiar a tu *«Grupo de Crecimiento Espiritual»*
en la primera sesión de *«Camina con Dios»*.

TIEMPO PARA ORAR

Pide al Señor que te muestre alguna conveniencia a la que no estás dispuesto
a renunciar para hacer discípulos.

EL COSTO DE LA CRIANZA ESPIRITUAL

Amar a la gente tiene su costo. Una vez que decides invertirte emocionalmente y espiritualmente en otra persona, sientes el peso de cuidarle y ayudarle a llegar a ser aquello para lo que Dios le ha creado. Mi esposa y yo estuvimos casados por ocho años antes de tener hijos. Fue un periodo excepcional para afianzar nuestra relación. Ambos estábamos estudiando en la universidad y muy ocupados, pero la mayoría de nuestras actividades se centraban en lo que queríamos hacer. No obstante, cuando llegaron los hijos, nuestras vidas cambiaron drásticamente. Ya no nos preocupaba únicamente lo que fuera de nosotros; estábamos siempre pendientes de nuestros hijos: qué estaban haciendo, qué necesitaban y cómo podíamos protegerlos y mantenerlos. Hasta el día de hoy todavía estamos preocupados por su bienestar. Uno nunca deja de ser padre ni deja de preocuparse de sus hijos. En cierto modo, hacer discípulos se asemeja a una crianza espiritual. Estás tomando a una persona bajo tu ala para entrenarlo, desarrollarlo y ayudarle a caminar con Dios. Tú eres su padre espiritual, pero esa maravillosa responsabilidad conlleva un peso de preocupación por tu discípulo.

El apóstol Pablo sintió este peso de preocupación por las personas en las que vertía su vida. La iglesia de Tesalónica era muy querida y preciada por Pablo. Fundó esta iglesia en su segundo viaje misionero, como se narra en **(Hechos 15,36-18,22)**. Pablo llegó a Tesalónica y de inmediato empezó a hablar de Jesús, demostrando a través de las Escrituras que Él era el Mesías. Aunque mucha gente creyó su mensaje, los judíos de la ciudad se resistieron e suscitaron una turba contra él. Pablo tuvo que huir de la ciudad al amparo de la noche. Algo más tarde, cuando Pablo estaba en Atenas, envió a Timoteo de vuelta a Tesalónica para saber cómo estaban soportando los creyentes la persecución. Cuando Timoteo regresó para contarle a Pablo la buena nueva de que la iglesia estaba prosperando y difundiendo el Evangelio, Pablo les escribió una carta para animarles a continuar siguiendo a Jesús. Esta es una de las cartas más entrañables de Pablo, y en varias ocasiones se nota su profundo amor por esta iglesia. Pablo escribió: *«Pero nosotros, hermanos, separados de vosotros por un poco de tiempo, de vista pero no de corazón, tanto más procuramos con mucho deseo ver vuestro rostro; por lo cual quisimos ir a vosotros, yo Pablo ciertamente una y otra vez; pero Satanás nos estorbó. Porque ¿cuál es nuestra esperanza, o gozo, o corona de que me gloríe? ¿No lo sois vosotros, delante de nuestro Señor Jesucristo, en su venida? Vosotros sois nuestra gloria y gozo»* **(1 Tesalonicenses 2,17-20)**.

¿Notas la preocupación de Pablo? Estaba separado de ellos, como un padre separado de sus hijos. Estaba deseando verlos cara a cara e intentó en varias ocasiones regresar allí. Para Pablo, su esperanza y gozo delante Jesucristo no eran sus logros personales, sino el hecho de que esas personas a las que amaba tanto estuvieran caminando fielmente con el Señor. Pablo los amaba con todo su corazón. Este es un buen momento para detenernos y formular varias preguntas importantes. ¿Amas a las personas a las que tienes como discípulos? ¿De verdad te importan? Cuando no estás a su lado, ¿piensas en ellos y oras por ellos? ¿Estás deseando estar con ellos cuando estáis separados? ¿Son estas personas una fuente de alegría en tu vida? Pablo fue un padre espiritual para ellos, y para nosotros fue un gran modelo de cómo ser un padre espiritual para nuestros discípulos.

He aquí cuatro buenas prácticas de un padre espiritual:

TIERNA PREOCUPACIÓN
«Antes fuimos tiernos entre vosotros, como la nodriza que cuida con ternura a sus propios hijos» **(1 Tesalonicenses 2,7)**. Como una madre que cría a su hijo, Pablo dijo que era tierno con estos nuevos creyentes y se preocupaba por ellos como si fueran sus hijos. Los bebés necesitan que se les abrace, que se les cuide y se les aliente con tierno. Hay muchas cosas que ellos no comprenden aún. Del mismo modo, los nuevos creyentes no necesitan correctivos duros. Necesitan una enseñanza tierna y mucha paciencia. Van a causar problemas. Van a tener dificultades y cometer errores. Van a tener adversidades. Eso es de esperar. Pero tú debes ser tierno y paciente para ayudarles a crecer en su fe.

INVERSIÓN AFECTUOSO
«Tan grande es nuestro afecto por vosotros, que hubiéramos querido entregaros no solo el evangelio de Dios, sino también nuestras propias vidas; porque habéis llegado a sernos muy queridos» **(1 Tesalonicenses 2,8)**. Pablo transmitió a sus discípulos cuánto le importaban. Se lo dijo y se lo demostró. Al igual que los padres deben demostrar amor afectuoso con frecuencia, tus discípulos necesitan saber que son más que un proyecto espiritual para ti. Necesitan saber que te preocupas realmente por ellos y sus familias.

DAR EJEMPLO
«Porque os acordáis, hermanos, de nuestro trabajo y fatiga; cómo trabajando de noche y de día, para no ser gravosos a ninguno de vosotros, os predicamos el evangelio de Dios. Vosotros sois testigos, y Dios también, de cuán santa, justa e irreprensiblemente nos comportamos con vosotros los creyentes» **(1 Tesalonicenses 2,9-10)**. Pablo nunca esperó que estos nuevos creyentes cubrieran a su necesidad financiera. De hecho, constituyó un gran ejemplo para ellos trabajando duro, confiando en Dios y mantenerse ocupado con la misión de Dios. Al igual que un padre es un ejemplo a seguir para sus hijos, cuando tienes discípulos en tu vida debes ser un ejemplo para ellos en todos los aspectos de la vida. Te están observando en el trabajo, en tu casa y en tu matrimonio. Están observando cómo crías a tus hijos y cómo abordas las crisis y las dificultades. Tu ejemplo de vida piadosa será lo que más recuerden.

DESAFÍO CONSISTENTE

«Así como también sabéis de qué modo, como el padre a sus hijos, exhortábamos y consolábamos a cada uno de vosotros, y os encargábamos que anduvieseis como es digno de Dios, que os llamó a su reino y gloria» **(1 Tesalonicenses 2,11-12)**. Al igual que un padre desafía a sus hijos para hacer lo correcto, aunque sea complicado, Pablo desafío a sus discípulos para que anduvieran de un modo que complaciera a Dios, independientemente de las circunstancias o las consecuencias. Estos poderosos desafíos forman para de lo que conlleva ser un padre espiritual. En ocasiones deberás tener conversaciones difíciles, abordar problemas de carácter o hacer que tu discípulo rinda cuentas por alguna parte de su vida. Aunque es algo que pueda resultar difícil o desagradable en ese momento, generará un cambio de vida duradero si estás dispuesto a asumir el riesgo relacional y hacerlo. Recuerdo que me reunía habitualmente con un hombre mayor cuando yo era un joven pastor. Me desafiaba en prácticamente todos los apartados de mi vida: matrimonio, finanzas, salud física y, por supuesto, mi caminar con Dios. En ocasiones, estas conversaciones eran difíciles, pero cuando echo la mirada atrás agradezco que se preocupara por mí tanto como para hacerme las preguntas difíciles.

TIEMPO PARA REFLEXIONAR

¿A quién considerarías tu padre espiritual?

_____

_____

_____

_____

_____

_____

_____

_____

_____

_____

_____

_____

Pablo amaba sin duda a la gente de Tesalónica.

¿Cómo puedes expresar amor y preocupación por tus discípulos?

_____

_____

_____

_____

_____

_____

_____

_____

_____

_____

¿Cuál de las cuatro prácticas de la crianza espiritual te ha llamado más la atención? ¿Por qué?

_____

_____

_____

_____

_____

_____

_____

_____

_____

_____

_____

TIEMPO PARA PRÁCTICA

Repasa el versículo de las Escrituras que debes memorizar esta semana.

«Así, pues, cualquiera de vosotros que no renuncia a todo lo que posee,
no puede ser mi discípulo».
(LUCAS 14,33)

Repasa tu frase *«Voy a»* de esta semana.

Procede con la lectura de las Escrituras de *«La Biblia en un año»* para hoy.
Mientras lees no te olvides, que es importante que uno recuerda a los acrósticos **s.i.e.n.t.a.** y **o.r.a.r.**.

Esta semana vas a guiar a tu *«Grupo de Crecimiento Espiritual»*
en la primera sesión de *«Camina con Dios»*.

TIEMPO PARA ORAR

Pide al Señor que te muestre áreas en tu propia vida que necesitan crecer
para que puedas invertir en los demás de manera efectiva.

AFRONTAR LA DECEPCIÓN

Cuando inviertes en personas, algunas te decepcionan. Habrá personas en las que viertas tu vida que nunca lleguen a aceptar realmente a Jesús ni lo sigan plenamente. Habrá quienes empiecen muy fuerte pero se rindan. Habrá otros que se opongan y se resistan a cualquier inversión que trates de hacer en sus vidas. ¡Las decepciones van a suceder! Hace años tuve como discípulo a un buen amigo que creció espiritualmente rápidamente. Estaba entusiasmado con Dios y totalmente entregado a hacer discípulos. En su trabajo le destinaron a otra ciudad, y él lo vio como una oportunidad que le daba Dios para hacer discípulos e invertir en más personas. Sin embargo, pasado un año me admitió que no había conseguido encontrar a nadie dispuesto a crecer en su fe. Se reunían con él durante un tiempo pero luego empezaban a perder interés a las pocas semanas. Estaba muy desanimado.

Hace poco hablé con un pastor de Ruanda, África. Este hombre había dedicado mucho tiempo a traducir el material para el discipulado a la lengua de su pueblo, y estaba dispuesto a invertir en personas. Sin embargo, cuando hablamos estaba muy desanimado porque había encontrado a muy pocas personas a hacer lo que fuera necesario para caminar con Dios de un modo significativo. Me admitió que se sentía muy solo. ¿Alguna vez te has sentido así? ¿Alguna vez te has desanimado porque las personas en las que viertes tu vida no siguen a Jesús con tanto fervor como tú? ¿Te ha pasado que alguien empezó rápidamente y luego se rindan? Si es así, estás en buena compañía. No olvides que en el círculo más íntimo de Jesús hubo alguien que le volvió la espalda. Y Pedro, la persona encargada de liderar el movimiento, negó incluso conocer a Jesús durante un breve periodo de tiempo. Si te entregas a invertir en personas, es inevitable que en algún momento sientas decepción.

El apóstol Pablo sabía bien lo que se siente con la decepción. En su última carta, escrita antes de su ejecución en Roma, escribió a Timoteo y le habló sobre diversas personas de su vida. Algunas de estas personas le habían dado mucha alegría, pero otras le habían provocado dolor. En ella escribe: *«porque Demas me ha a desamparado, amando este mundo, y se ha ido a Tesalónica; Crescente fue a Galacia, y Tito a Dalmacia. Sólo Lucas está conmigo. Toma a Marcos y tráele contigo, porque me es útil para el ministerio. A Tíquico lo envié a Éfeso. Trae, cuando vengas, el capote que dejé en Troas en casa de Carpo, y los libros, mayormente los pergaminos. Alejandro, el calderero, me ha causado muchos males; el Señor le pague conforme a sus hechos»* **(2 Timoteo 4,10-14).**

En sus últimos días, Pablo pensaba en estas personas. No estaba pensando en sus logros o elogios. No le preocupaban su legado personal ni los reconocimientos. Lo que ocupaba su mente eran las personas a las que había discipulado y en las que había invertido personalmente. En última instancia, lo único que importa para la eternidad es la influencia espiritual que has tenido en otras personas. Pablo enumeró a las personas que le habían decepcionado. Demas y Alejandro fueron dos de las personas que mencionó: uno abandonó a Pablo en su momento de mayor necesidad; el otro se había opuesto a Pablo y su obra. Estoy convencido de que estos dos hombres infligieron un gran daño en el corazón de Pablo. Hay personas en las que inviertes, personas a las que amas y tratas de ayudar a caminar con Dios y personas que se rendirán. Nunca llegarán a alcanzar todo su potencial redentor. Es posible que otros incluso te den la espalda y se opongan a tu ministerio.

¿Cómo se afrontan estas decepciones? En primer lugar, acude al Señor. Jesús te entenderá. Él ha experimentado la misma sensación de pérdida y sufrimiento. Pide a Jesús que cambie tu decepción por Su paz y su perdón. En segundo lugar, céntrate en aquellos que siguen sirviendo y caminando con el Señor. Pablo menciona también a hombres como Crescente, Tito, Lucas y Tíquico; estos hombres servían activamente al Señor y continuaban la misión. No centres tu atención en las decepciones; céntrate en Jesús y alábalo por las personas cuyas vidas han sido cambiadas para siempre por tu vida. En tercer lugar, celebra a aquellos que fueron rebeldes en su momento pero cambiaron de parecer y ahora caminan con Dios. Eso fue lo que ocurrió con Marcos. Al comienzo, Marcos fue una enorme decepción para Pablo. Abandonó a Pablo durante su primer viaje misionero **(Hechos 13,13; 15,36-39)**. Su fracaso en el campo misional fue una gran decepción para Pablo. Pero ahora Marcos ha cambiado completamente. Había aprendido de sus fallos y seguía participando en el ministerio. Más tarde, Dios utilizaría a Marcos para que escribiera el «Evangelio según Marcos» y difundiera la buena nueva de Jesús por todo el mundo conocido.

Puede que haya personas en tu vida que hayan empezado con mal pie en su crecimiento espiritual, pero ahora han crecido para servir fielmente a Dios. Dale las gracias a Dios por tener a estas personas en tu vida. Ellas te recuerdan que, en última instancia, todos estamos en el punto que estamos de nuestro viaje espiritual por la gracia de Dios. Por último, persevera hasta el final. Pablo había soportado mucho sufrimiento durante toda su vida. Había sufrido palizas y azotes, revueltas y rechazo, desamparo y reclusión, y todo ello por su compromiso de compartir el Evangelio y hacer discípulos.

Pero nunca se rindió, a pesar de todo. Concluyó su última carta con estas palabras: **«Porque yo ya estoy para ser sacrificado, y el tiempo de mi partida está cercano. He peleado la buena batalla, he acabado la carrera, he guardado la fe. Por lo demás, me está guardada la corona de justicia, la cual me dará el Señor, juez justo, en aquel día; y no solo a mí, sino también a todos los que aman su venida» (2 Timoteo 4,6-8)**. Pero Pablo nunca se rindió, a pesar de todo. Perseveró hasta el final. Peleó la buena batalla. Guardo la fe. Confió en Jesús en todo momento y cruzó la línea de meta a toda velocidad. Sabía que nunca encontraría su recompensa en esta vida, sino que esta le esperaba en el cielo. Mi oración es que mientras inviertas tu vida y hagas discípulos tengas siempre en mente el premio que te espera; un premio que el propio Jesús te entregará ese día. Y cuando recibas Su recompensa, todas las dificultades y padecimientos habrán merecido la pena.

TIEMPO PARA REFLEXIONAR

¿En qué casos has experimentado el dolor de la decepción en el ministerio?

_____

_____

_____

_____

_____

_____

_____

_____

_____

_____

_____

_____

¿Quiénes son las personas en las que has invertido y estás viendo crecer?

_____

_____

_____

_____

_____

¿Quiénes son las personas en tu vida, que empezaron despacio pero ahora sirven a Dios fielmente?

_____

_____

_____

_____

_____

¿Qué te impide hacer discípulos por el resto de tu vida?

_____

_____

_____

_____

_____

_____

_____

_____

TIEMPO PARA PRÁCTICA

Repasa el versículo de las Escrituras que debes memorizar esta semana.

«Así, pues, cualquiera de vosotros que no renuncia a todo lo que posee,
no puede ser mi discípulo».
(LUCAS 14,33)

Repasa tu frase *«Voy a»* de esta semana.

Procede con la lectura de las Escrituras de *«La Biblia en un año»* para hoy.
Mientras lees no te olvides, que es importante que uno recuerda a los acrósticos **s.i.e.n.t.a.** y **o.r.a.r.**.

Esta semana vas a guiar a tu *«Grupo de Crecimiento Espiritual»*
en la primera sesión de *«Camina con Dios»*.

TIEMPO PARA ORAR

Ríndete ahora mismo a Dios cualquier herida o decepción que tengas.

LA COMUNIÓN DE LOS QUE NO SE AVERGÜENZAN

Karen Watson escribió su propio epitafio. A menudo, su ejemplo ha empujado a mi corazón hacia una devoción total a Jesús y a hacer discípulos de todas las naciones. Karen sirvió como misionera en Irak y fue asesinada junto a otras tres personas por un atacante no identificado el 15 de marzo de 2004. Karen había escrito una carta a sus pastores de los Estados Unidos para que la leyeran tras su muerte. He aquí algunos fragmentos de esa carta:

Estimados pastores Phil y Roger:

Esta carta solo deberá abrirse en caso de que yo muera. Cuando Dios te llama, no hay nada que lamentar. Traté de compartir mi corazón con vosotros en la medida de lo posible; mi corazón por las naciones. No fui llamado a un sitio específico; fui llamada para acudir a Él. Obedecer era mi objetivo; sufrir era lo esperado. Su gloria era mi recompensa. Su gloria es mi recompensa...

El corazón misionero:
- *Se preocupa más de lo que algunos consideran sabio*
- *Se arriesga más de lo que algunos consideran seguro*
- *Sueña más de lo que algunos consideran práctico*
- *Espera más de lo que algunos consideran posible*

No fui llamada a la comodidad o al éxito, sino a la obediencia... No concibo gozo que no sea conocer a Jesús y servirlo. Os amo a ambos y a mi familia de la iglesia.

A Su cuidado, Salaam, Karen
[Baptist Press, 24 Marzo 2004]

Guardé esta carta durante años escondida en mi diario de oración. Me recordaba al tipo de corazón que busca Dios, al tipo de persona que quiero llegar a ser. Las palabras de Karen aún resuenan en mi corazón: «...*obedecer era mi objetivo; sufrir era lo esperado. Su gloria es mi recompensa... No fui llamada a la comodidad o al éxito, sino a la obediencia... No concibo gozo que no sea conocer a Jesús y servirlo*». Este es el tipo de mentalidad que cambia el mundo, y que es tan extraña para demasiada gente. Cuando te esfuerces por hacer discípulos e impulsar un movimiento de multiplicación, debes saber que esa búsqueda tiene su costo. Te costará toda una vida de conveniencia. Tiene un costo en tiempo, emociones, esfuerzo y dinero. Tendrás que decir «no» a otros intereses para hacer del último mandato de Cristo tu prioridad **(Mateo 28,18-20)**.

No todo el mundo en tu iglesia aplaudirá tu esfuerzo para alcanzar a los perdidos. No todo el mundo en tu familia entenderá del todo tu necesidad de invertir tu vida en los demás. No todos tus amigos comprenderán tu deseo de complacer a Jesús y de darle a conocer en todas las naciones. En algunos casos, es posible que aquellos que se oponen a tu deseo de hacer discípulos sean las personas más cercanas a ti. Jesús entendía esto perfectamente. Ni siquiera Su propia madre comprendió plenamente Su ministerio **(Lucas 2,51)**. Sus hermanos se burlaron abiertamente de Su devoción al Padre celestial y se opusieron a sus esfuerzos **(Mateo 12,46; Lucas 8,19; Marcos 3,31; Juan 7,1-10)**. Sin embargo, aquellos que eligen esta vida de discipulado pagan con gusto ese precio, pues saben que su recompensa será grande. Mi oración es que seas obediente a Jesús y lo sigas a pesar del costo que supone.

Jesús llamó a cada uno de Sus discípulos a una devoción total a Él y a un compromiso con Su causa.

> *«Si alguno viene a mí, y no aborrece a su padre, y madre, y mujer, e hijos, y hermanos, y hermanas, y aun también su propia vida, no puede ser mi discípulo. Y el que no lleva su cruz y viene en pos de mí, no puede ser mi discípulo. Porque ¿quién de vosotros, queriendo edificar una torre, no se sienta primero y calcula los gastos, a ver si tiene lo que necesita para acabarla? No sea que después que haya puesto el cimiento, y no pueda acabarla, todos los que lo vean comiencen a hacer burla de él, diciendo: Este hombre comenzó a edificar, y no pudo acabar. ¿O qué rey, al marchar a la guerra contra otro rey, no se sienta primero y considera si puede hacer frente con diez mil al que viene contra él con veinte mil? Y si no puede, cuando el otro está todavía lejos, le envía una embajada y le pide condiciones de paz. Así, pues, cualquiera de vosotros que no renuncia a todo lo que posee, no puede ser mi discípulo»* **(Lucas 14,26-33)**.

Tres veces afirmó Jesús que aquellos que no le amen por delante de todo, y no le obedezcan plenamente, y no le sigan en todo momento, no pueden ser Sus discípulos. ¿Te molesta? ¿Estas palabras te hacen sentir incómodo? Vivimos en una época en la que muchas personas piensan que ser discípulo de Jesús equivale a un simple acuerdo mental con los principios básicos de la fe. Sin embargo, ven la descripción de Jesús de un discípulo que es totalmente devoto como imprudente, radical y extremo. Pero es esto a lo que somos llamados: a una vida con Jesús en el centro, y a su alrededor gira todo lo demás. Es una vida donde Jesús está al mando, sentado en el trono de nuestros corazones, y donde toda nuestra lealtad se la debemos a Él. Es una vida de entrega total y completa al Rey Jesús.

Hace varios años, cuando empezaba a comprender lo que significaba seguir a Jesús, conocí un poema que llevaba por título «*La comunidad de los que no se avergüenzan*». La historia de su autoría no está muy clara. Sin embargo, el poema fue encontrado entre los papeles de un joven pastor en Zimbabue después de que fuera martirizado por su fe en Cristo. Disfruta de cada palabra:

«Formo parte de la comunidad de los que no se avergüenzan. La suerte está echada. He cruzado la raya. La decisión está tomada. Soy discípulo de Él y no pienso mirar atrás, cejar, frenar, retroceder ni quedarme quieto. Mi pasado está redimido. Mi presente tiene sentido. Mi futuro está asegurado. Ya he tenido suficiente de vivir bajo, caminar por la vista, planes a corto plazo, rodillas suaves, sueños incoloros, visiones domesticadas, charlas mundanas, vida barata y metas empequeñecidas. Ya no necesito la preeminencia, la prosperidad, la posición, las promociones, los elogios o la popularidad. No necesito tener razón, ni ser el primero, ni ser el mejor, ni ser reconocido o alabado o recompensado. Vivo por la fe, me inclino ante Su presencia, camino con paciencia, elevado por la oración y trabajo con la fuerza del Espíritu Santo. Tengo la mirada fija. Mi caminar es ligero. Mi objetivo es el cielo. Puede que mi carretera sea estrecha, mi camino difícil, mis compañeros escasos, pero mi guía es de fiar y mi misión está clara. Nadie me va a comprar, comprometer, desviar, atraer, engañar, retrasar ni hacer regresar. No flaquearé ante el sacrificio ni dudaré en presencia del adversario. No negociaré en la mesa del enemigo, ni reflexionaré sobre la necesidad de popularidad, ni vagaré en el laberinto de la mediocridad. No me rendiré, no me callaré, ni cesaré hasta que me haya quedado despierto, almacenado, orado, pagado y predicado por la causa de Cristo. Soy un discípulo de Jesús. Debo darlo todo hasta que esté exhausto, predicar hasta que todos lo sepan, y trabajar hasta que Él venga. Y cuando Él venga por Sí mismo, no le costará reconocerme. ¡Mis colores serán muy claros!»

TIEMPO PARA REFLEXIONAR

¿Qué es lo que más te ha llamado la atención sobre la carta de Karen?

_____

_____

_____

_____

_____

_____

¿Cuál es tu respuesta al llamado de Jesús a la devoción plena?

_____

_____

_____

_____

_____

_____

¿Qué te ha llamado más la atención sobre «_La comunidad de los que no se avergüenzan_»?

_____

_____

_____

_____

_____

_____

TIEMPO PARA PRÁCTICA

Repasa el versículo de las Escrituras que debes memorizar esta semana.

«Así, pues, cualquiera de vosotros que no renuncia a todo lo que posee,
no puede ser mi discípulo».
(LUCAS 14,33)

Repasa tu frase *«Voy a»* de esta semana.

Procede con la lectura de las Escrituras de *«La Biblia en un año»* para hoy.
Mientras lees no te olvides, que es importante que uno recuerda a los acrósticos **s.i.e.n.t.a.** y **o.r.a.r..**

Esta semana vas a guiar a tu *«Grupo de Crecimiento Espiritual»*
en la primera sesión de *«Camina con Dios»*.

TIEMPO PARA ORAR

Pide al Señor que te dé un propósito determinado para conocerlo y seguirlo donde Él te guíe.

TU DÍA PARA ORAR

Hoy no tienes ninguna lectura adicional. Dedica tiempo a la Palabra de Dios, escucha Su voz y ora fervientemente por tus amigos perdidos.

TIEMPO PARA REFLEXIONAR

Esta semana hemos hablado del costo que conlleva seguir a Jesús y hacer discípulos. Repasando las cosas que hemos estudiado esta semana, ¿qué aspectos de seguir a Jesús te han llamado más la atención?

_____

_____

_____

_____

_____

_____

_____

_____

_____

_____

_____

_____

_____

_____

_____

_____

¿Cómo sería entregar por completo todo lo que tú eres a Jesús sin reservas para hacer discípulos?

_____

_____

_____

_____

_____

_____

_____

¿A quién necesitas implicar en esta gran obra?

_____

_____

_____

_____

_____

_____

TIEMPO PARA PRÁCTICA

Repasa el versículo de las Escrituras que debes memorizar esta semana.

«Así, pues, cualquiera de vosotros que no renuncia a todo lo que posee,
no puede ser mi discípulo».
(LUCAS 14,33)

Repasa tu frase *«Voy a»* de esta semana.

Procede con la lectura de las Escrituras de *«La Biblia en un año»* para hoy.
Mientras lees no te olvides, que es importante que uno recuerda a los acrósticos **s.i.e.n.t.a.** y **o.r.a.r.**

Esta semana vas a guiar a tu *«Grupo de Crecimiento Espiritual»*
en la primera sesión de *«Camina con Dios»*.

PARA EL TRABAJO EN GRUPO

Mi frase **«Voy a»**:

En la línea de lo que acabo de estudiar, esta semana voy a poner en práctica lo siguiente:

_____

_____

_____

_____

_____

_____

_____

_____

_____

_____

_____

_____

_____

_____

_____

_____

_____

_____

_____

_____

HACER
DISCÍPULOS
PARA TODA LA VIDA

SEMANA SIETE ◀

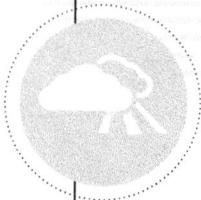

▶ **VERSÍCULO PARA MEMORIZAR**

«Me es necesario hacer las obras
del que me envió, entre tanto
que el día dura; la noche viene,
cuando nadie puede trabajar»
(JUAN 9,4)

◀

MANTENER EL RUMBO

Hacer discípulos es un maratón, no un esprint. Es un compromiso de por vida, no una moda pasajera que se olvida con el tiempo. En estos años he visto a personas que empezaban con una pasión enorme por caminar con Dios, alcanzar su mundo e invertir en unos pocos, pero acabaron distraídos o desilusionados. Sin embargo, he visto a unos pocos que continúan haciendo discípulos año tras año y seguirán así toda la vida. Herman Reece es un ejemplo de un hombre como este. Herman fue miembro de la iglesia de Oklahoma donde yo era pastor en mis primeros años de ministerio. De formación, Herman era un exitoso y respetado cirujano maxilofacial, pero de corazón era un ferviente hacedor de discípulos. Como joven pastor que era, observaba cómo Herman se reunía con empresarios para comer y compartía su fe con ellos. Le veía sacar tiempo de su apretada agenda para guiar a estos empresarios y entrenarlos para caminar con Dios.

Muchos de los directivos de empresas locales más reconocidos han sido guiados personalmente hasta el Señor y discipulados por Herman. No sé cómo lo hacía, pero aún sacaba tiempo para visitarme y para que yo pueda rendir cuentas por caminar con Dios e invertir mi vida en los demás. En la actualidad, Herman tiene más de ochenta años y no parece que haya bajado el ritmo. Hace poco me envió un mensaje alentándome para mantener el rumbo y hacer discípulos. ¡Herman no se detendrá jamás! Así quiero ser yo. Quiero ser alguien que va por ahí compartiendo el Evangelio fiel y consistentemente con las personas en mi círculo de influencia y entrenando a hombres para seguir a Jesús y hacer discípulos para toda la vida.

Bueno, ¿qué te parece esta llamada de Jesús para seguirlo toda la vida? Voy a compartir contigo ciertos consejos que te ayudarán a llegar muy lejos. En primer lugar, tu camino personal con Jesús debe ser espiritualmente saludable. Jesús dijo: *«El discípulo no es superior a su maestro; mas todo el que fuere perfeccionado, será como su maestro»* **(Lucas 6,40)**. Solo puedes reproducir lo que tú eres. Y nunca podrás hacer discípulos espiritualmente saludables de Jesús si no eres un discípulo espiritualmente saludable de Jesús. Aquellos que no han conseguido hacer discípulos a lo largo del tiempo son aquellos que han dejado de dejado de caminar con Dios en sus vidas, y poco a poco han empezado a perder esa fuerza de Dios que solo se consigue caminando en Su Espíritu. Por eso, Jesús dijo a Sus discípulos: *«Permaneced en mí, y yo en vosotros. Como el pámpano no puede llevar fruto por sí mismo, si no permanece en la vid, así tampoco vosotros, si no permanecéis en mí. Yo soy la vid, vosotros los pámpanos; el que permanece en mí, y yo en él, este lleva mucho fruto; porque separados de mí nada podéis hacer»* **(Juan 15,4-5)**.

Al igual que una rama debe estar conectada vitalmente al tronco de la vid para poder dar fruto, tú debes estar conectado vitalmente a Jesús para que Su Espíritu y fuerza puedan fluir a través de ti y cambiar la vida de las personas. Esto es lo que ocurre cuando lees y saboreas la Palabra de Dios a diario, dejando que Su Palabra *«more en abundancia en vosotros»* **(Colosenses 3,16)**. Es lo que ocurre también cuando llenas tu vida de la dependencia en la oración del Espíritu Santo, cediéndole a diario el control de tu vida **(Gálatas 5,25)**. Las personas que cultivan un caminar saludable con Dios a lo largo del tiempo se rodean de creyentes afines que les hacen rendir cuentas y les ayudan a permanecer centrados en Jesús y Su misión. También utilizan otros recursos: libros, grabaciones, seminarios y conferencias para mantenerse centrados y depurar sus habilidades a la hora de hacer discípulos. Muchos se marcan objetivos personales y piden a Dios un número de terminado de personas para guiar cada año. En el tiempo que estuve observando a Herman, hacía todas estas cosas que he dicho. Estaba constantemente memorizando las Escrituras, llenando su corazón con la Palabra de Dios, dedicaba tiempo a la oración y a cultivar suyo interior para que Dios pudiera utilizarlo con fines poderosos.

En segundo lugar, las personas que hacen discípulos para toda la vida tienen el corazón centrado en alcanzar su mundo con el Evangelio. Herman siempre trató de relacionarse con hombres que estaban fuera de la familia de Dios. Recuerdo cuando desarrolló una relación con el director ejecutivo de un importante hipódromo de la ciudad. Con el tiempo, ambos entablaron una amistad íntima. Herman acabó llevando a este hombre a la salvación en Cristo y entrenándole a caminar con Dios. Ese hombre empezó a compartir su fe con la comunidad empresarial, hablándoles de cómo había cambiado su vida Jesús. Si quieres hacer discípulos para toda la vida, debes tener como prioridad encontrar y hacer amistad con personas alejadas de Dios en los lugares donde vives, aprendes, trabajas o te recreas.

En tercer lugar, las personas que hacen discípulos para toda la vida tienen el compromiso de invertir continuamente sus vidas en los demás y de hacer discípulos hasta llegar a la tercera y cuarta generaciones. Mucho tiempo después de haber abandonado la iglesia de Oklahoma para servir como pastor en Texas, Herman me llamaba con frecuencia para saber de mí. Me decía: *«Craig, ¿quiénes son tus discípulos?»* Esperaba que le diera los nombres de los hombres en los que estaba invirtiendo espiritualmente. Si yo dudaba, me instaba al momento a reunir varios hombres y discipularlos. Otro hombre que hacía discípulos para toda la vida me dijo una vez: *«Craig, no te conformes con decirle a la gente que haga discípulos. Tú mismo debes tener siempre a alguien que estas discipulando».* Y prosiguió: *«¡No podemos permitirnos descansar, pues el demonio no descansa!»*

La gente como Herman no hace discípulos para toda la vida por casualidad. Toman decisiones deliberadas para que sus vidas puedan tener un impacto eterno. Si tú quieres ser uno de ellos, debes hacer lo mismo. Debes cultivar deliberadamente un caminar espiritualmente saludable con Dios. Debes identificar y llegar a las personas alejadas de Dios en tu círculo de influencia, y debes invertir tu vida en unos pocos, día a día, semana a semana, mes a mes y año a año. Si lo haces, un día mirarás atrás y verás que Dios te utilizó para impulsar un movimiento de multiplicación que jamás se podrá detener.

TIEMPO PARA REFLEXIONAR

¿Conoces a alguien que haya hecho discípulos para toda la vida?

Si es así, ¿qué han hecho para mantener esa efectividad con el paso del tiempo?

_____

_____

_____

_____

_____

_____

_____

_____

_____

¿Qué te llama más la atención sobre las tres cosas necesarias

para hacer discípulos para toda la vida?

_____

_____

_____

_____

_____

_____

_____

_____

_____

_____

TIEMPO PARA PRÁCTICA

Empieza memorizando el versículo de la Escritura de la semana.

«Me es necesario hacer las obras del que me envió, entre tanto que el día dura;
la noche viene, cuando nadie puede trabajar»
(Juan 9,4)

Repasa tu frase *«Voy a»* de esta semana.

Procede con la lectura de las Escrituras de *«La Biblia en un año»* para hoy.
Mientras lees no te olvides, que es importante que uno recuerda a los acrósticos **s.i.e.n.t.a.** y **o.r.a.r.**.

Esta semana vas a guiar a tu *«Grupo de Crecimiento Espiritual»*
en la segunda sesión de *«Camina con Dios»*.

TIEMPO PARA ORAR

Dedica tiempo a agradecer al Señor por las personas que han invertido en tu vida.

MULTIPLICA TU VIDA

Cuando eliges hacer discípulos estás eligiendo multiplicar tu vida. Estás eligiendo pensar en algo más que tus propios intereses y en ti mismo, y empezarás a adquirir una perspectiva más amplia de la obra de Dios en la tierra pensando en cómo participar en ella. Estás eligiendo participar en el gran movimiento de la historia del mundo. En su libro «Movimientos que cambian al mundo», Steve Addison ofrece una interesante definición de los movimientos y explica cómo surgen.

> «En sentido general, los movimientos son agrupaciones informales de personas y organizaciones que persiguen una causa común. Son personas que tienen como meta el cambio. Los movimientos no tienen miembros, pero sí tienen participantes. Las metas de un movimiento pueden ser impulsadas por las organizaciones, pero estas no conforman la totalidad del movimiento. Un movimiento puede tener ÿ guras líderes, pero ninguna persona o grupo controla el movimiento. Los movimientos están conformados por personas comprometidas con una causa común… Para bien o para mal, los movimientos hacen historia. Una gran parte de la historia es el resultado de los choques entre movimientos compitiendo por sus visiones diferentes de cómo debería ser el mundo. Los movimientos religiosos, culturales y políticos han moldeado el siglo veinte. Se han generado guerras por temas de nacionalismo, comunismo, y fundamentalismo Islámico. El movimiento de los derechos civiles, el feminismo, el ambientalismo y el movimiento por los derechos de los homosexuales han llenado la agenda social. Un secreto bien guardado es que el pentecostalismo, bajo su definición más amplia, ha sido el movimiento más grande y más amplio del siglo veinte. Los movimientos se caracterizan por el descontento, la visión y la acción. El descontento libera a las personas de su compromiso con el estado presente de su entorno. Los movimientos emergen cuando las personas sienten que algo debe cambiar. Si el vacío creado por el descontento se llena con una visión de un futuro diferente y una acción para traer cambio, entonces surge un movimiento. Los movimientos cambian a las personas, y las personas cambiadas transforman al mundo».

Los movimientos nacen en un vacío de descontento y traído a la vida a través de las acciones de personas visionarias comprometidas con una causa común. Esta definición describe perfectamente el movimiento que creó Jesús. El vacío de descontento lo sintieron las personas que sabían que estaban alejadas de Dios y necesitaban desesperadamente a un Salvador. Jesús, con Su muerte, entierro y resurrección, demostró que Él solo podía llenar ese vacío, esa necesidad de una relación con Dios que está presente en cada uno de nosotros. Entonces, Jesús presentó una visión muy convincente a Sus discípulos. *«Y Jesús se acercó y les habló diciendo: Toda potestad me es dada en el cielo y en la tierra. Por tanto, id, y haced discípulos a todas las naciones, bautizándolos en el nombre del Padre, y del Hijo, y del Espíritu Santo; enseñándoles que guarden todas las cosas que os he mandado; y he aquí yo estoy con vosotros todos los días, hasta el fin del mundo. Amén»* **(Mateo 28,18-20)**.

Esos discípulos, facultados por el Espíritu Santo, hicieron exactamente lo que les ordenó Jesús. Llenaron Jerusalén con el mensaje del Evangelio. Se repartieron por las regiones de Judea y Samaria para proclamar la esperanza de salvación que solo se encuentra en Cristo. Llevaron ese mensaje a todas las naciones e hicieron discípulos por el camino. Eran personas de acción, comprometidas con la causa común del «gran comisión», y facultados por el Espíritu Santo. Ese movimiento que inició Jesús sigue avanzando. El movimiento sigue creciendo, expandiéndose cada vez más, y a él somos llamados tú y yo. Si preguntas «*¿Cómo puedo participar en el movimiento?*» La respuesta es muy sencilla: **Multiplica Tu Vida**.

La cosa funciona así: Si 10 000 iglesias tuvieran recursos para llevar a 1000 personas a Cristo cada año, sería increíble, ¿verdad? ¡Imagina que tu iglesia acerca a 1000 personas a Cristo cada año! Sin embargo, aunque suene estupendo, a ese ritmo se tardarían 700 años en llevar a los más de siete mil millones de personas que hay en el planeta a Cristo. Y eso es demasiado tiempo. Existe un método mejor. ¿Y si llevas a una persona a Cristo y la entrenas durante un año para caminar con Dios, compartir el Evangelio e invertir en los demás? En el primer año estaríais vosotros dos solos. En el segundo año, habría cuatro. En el tercer año, seríais ocho en el equipo. Para el cuarto año, ya seríais 16. Pero si continúas con este proceso, ¡al llegar al año 33 sumaríais 8,5 mil millones de discípulos! Es más que la población de todo el planeta. Esa era la estrategia de Jesús. Era muy sencillo: cada discípulo hace un discípulo. Todo seguidor de Cristo que camina con Dios debería alcanzar su mundo e invertir en unos pocos.

Esto es lo que Pablo enseñó al joven Timoteo a hacer con su vida. *«...lo que has oído de mí ante muchos testigos, esto encarga a hombres fieles que sean idóneos para enseñar también a otros»* **(2 Timoteo 2,2)**. Pablo dijo a Timoteo: *«Oye, búscate hombres fieles. Enséñales lo que yo te he enseñado y desafíalos a hacer lo mismo».* De este modo, Pablo estaba desafiando a Timoteo a multiplicar su vida. *«Timoteo, no desperdicies tu vida. Multiplícala por la causa de Cristo hasta una tercera y cuarta generación».* Esto es lo que Dios nos llama a hacer: multiplicar nuestras vidas. ¿Estás multiplicando tu vida? Pablo había llevado el movimiento hasta una cuarta generación: Pablo, Timoteo, hombres fieles y otros también.

Jesús había llevado también el movimiento hasta una cuarta generación: Jesús, los doce apóstoles, los 70 **(Lucas 10,1)** y aquellos que llevaron a Cristo. Cuando Jesús escuchó que el movimiento había llegado hasta la cuarta generación, dicen las Escrituras que *«se regocijó»* **(Lucas 10,21)**.

¿Por qué estaba tan contento? Porque sabía que el movimiento había llegado a una cuarta generación. ¡Ya era imparable! ¡Tú también puedes impulsar un movimiento hasta la tercera y cuarta generación! Un día, podrás mirar atrás y ver cómo las personas en las que has invertido multiplican sus vidas en otras personas, que a su vez multiplican sus vidas en los demás. Un día, por la gracia de Dios, podrías descubrir que un movimiento impulsado por tu influencia arrasa en el planeta, cambiando las naciones y creciendo hasta el regreso de Jesús. ¡Eso puede ocurrir! Pero primero debes decidir multiplicar tu vida. Piénsalo: la esperanza del mundo reside en unas pocas personas dispuestas a multiplicar sus vidas en los demás. ¡Todo el Reino de Dios descansa sobre los hombros de hombres y mujeres dispuestos a multiplicar sus vidas en los demás! No se me ocurre nada más importante ni nada por lo que daría mi vida con más gusto que formar parte del movimiento de Dios. ¿Y a ti?

TIEMPO PARA REFLEXIONAR

¿Qué te parece la definición de movimiento que hace Steve Addison?

¿Por qué el plan de Jesús de la multiplicación personal es el mejor plan para llegar al mundo?

_____

_____

_____

_____

_____

_____

_____

_____

_____

_____

¿Qué crees que te impide multiplicar tu vida?

_____

_____

_____

_____

_____

_____

_____

_____

_____

_____

_____

_____

_____

_____

_____

TIEMPO PARA PRÁCTICA

Empieza memorizando el versículo de la Escritura de la semana.

«Me es necesario hacer las obras del que me envió, entre tanto que el día dura;
la noche viene, cuando nadie puede trabajar»
(Juan 9,4)

Repasa tu frase *«Voy a»* de esta semana.

Procede con la lectura de las Escrituras de *«La Biblia en un año»* para hoy.
Mientras lees no te olvides, que es importante que uno recuerda a los acrósticos **s.i.e.n.t.a.** y **o.r.a.r..**

Esta semana vas a guiar a tu *«Grupo de Crecimiento Espiritual»*
en la segunda sesión de *«Camina con Dios»*.

🙏

TIEMPO PARA ORAR

Pide al Señor que utilice tu vida para crear un movimiento de multiplicación.

MULTIPLICA TU GRUPO

La multiplicación es muy importante para Jesús. Jesús habló con los hombres a los que había enseñado y entrenado durante tres años y les envió a multiplicarse. Este era el objetivo principal de Su inversión. Ahora eran líderes del movimiento facultados por el Espíritu. En el libro de Hechos, se describe a la iglesia en los primeros años como una iglesia en multiplicación. En tan solo dos años, habían *«llenado a Jerusalén de su doctrina»* **(Hechos 5,28)**. En cuatro años y medio, las iglesias se estaban multiplicando rápidamente **(Hechos 9,31)**. En 19 años habían *«trastornan el mundo»* **(Hechos 17,6)**. Y en 28 años, el Evangelio se había expandido por todo el mundo **(Colosenses 1,56)**. La multiplicación es muy importante para Jesús. ¡Lo saludable se multiplica! Lo que está muerto no.

Hace unas semanas, me puse a recoger las hojas y las bellotas de mi jardín. Las frías temperaturas habían provocado que se cayera todo de mis dos robles. En tan solo una hora había acumulado quince montones de bellotas. Mientras las recogía en bolsas de basura y las arrastraba a la acera, recordé por qué tienen bellotas los árboles. Cada bellota representa un intento de reproducción. Hay algo ligado a la naturaleza de cada árbol que busca desesperadamente dar fruto y multiplicarse. Cada bellota contiene todo lo necesario para que un árbol se reproduzca y crezca otro árbol igual. Pues bien, los *«Grupos de Crecimiento Espiritual»* son como los árboles. Cada *«Grupo de Crecimiento Espiritual»* saludable tiene la capacidad de reproducirse. Sin embargo, la triste realidad es que ciertos grupos (e iglesias) nunca llegan a multiplicarse de verdad. Son árboles estériles que nunca dan fruto.

Si lees el Evangelio, observarás que hay una importante lección. Cada vez que Jesús se dirige a una persona o grupo que se niega a multiplicarse, Su tono es severo. En Mateo, Jesús dijo: *«...todo buen árbol da buenos frutos...»* **(Mateo 7,17)**. Pero Jesús añade a continuación: *«Todo árbol que no da buen fruto es cortado y echado en el fuego»* **(Mateo 7,19)**. No tiene valor. Solo vale para hacer leña. El mismo tema lo encontramos en el Evangelio según Lucas. Jesús narra la parábola de una higuera sin fruto. El dueño pasea por su huerto observando detenidamente el fruto de cada árbol y se da cuenta de que uno de ellos no está dando fruto. Ordena rápidamente que lo corten. El jardinero ruega a su señor que le dé un año más. El dueño acepta a regañadientes, pero advierte: *«Y si diere fruto, bien; y si no, la cortarás después»* **(Lucas 13,9)**.

En la parábola de los talentos que leemos en Mateo 25, Jesús nos narra la historia de tres siervos que reciben una cantidad de dinero para invertir durante la ausencia de su señor. Dos de ellos fueron recompensados por el uso inteligente que habían hecho del dinero, pero el que no hizo nada fue castigado duramente. Fue despojado de todo lo que tenía. De nuevo en **(Marcos 11,12-14)**, Jesús viaja a Jerusalén durante su última semana en la tierra. Pasa junto a una higuera sin fruto y la maldice por ello. ¿Captas el mensaje? Es muy grave no dar fruto. Es muy grave no multiplicar tu vida en los demás. Y es muy grave dirigir un grupo que nunca se multiplica. Jesús lo deja muy claro: la fecundidad y la multiplicación espiritual es algo que Él espera y considera necesario. Porque sin multiplicación no puede haber movimiento.

Cuando dirijas a tu «Grupo de Crecimiento Espiritual», deberás empezar a establecer las expectativas de multiplicación de cada miembro. De este modo, tu grupo irá creciendo y, en consecuencia, tu ministerio. Debes marcarte el objetivo de multiplicar tu grupo hasta la tercera y cuarta generación, hasta que tus discípulos inviertan en otros que, a su vez, inviertan en otras personas. Para que esa visión se haga realidad, deberás tener en cuenta varias cosas:

En primer lugar, es importante que hagas hincapié en las expectativas de multiplicación del grupo desde el comienzo. Puedes decir: «Dedico mi tiempo a invertir en vosotros porque Dios quiere que os reproduzcáis en los demás. Lo que yo estoy haciendo por vosotros debéis hacerlo por otras personas». La mayoría de personas han sido entrenadas para ir a la iglesia o tomar un estudio bíblico, pero sin el objetivo de reproducir lo aprendido. Por eso tenemos las iglesias llenas de personas que nunca se han reproducido ni una vez. Cuando entrenes a tus discípulos, debes empezar inculcándoles el portento, el privilegio y la obligación de la multiplicación personal.

En segundo lugar, cuando entrenes a las personas de tu grupo, recuérdales que ellos también entrenaran a otras personas algún día. Puedes decir: «Cuando entrenéis esto a vuestros posibles discípulos, asegúrate de decir esto». Esa referencia casual a los futuros discípulos comienza a establecer la expectativa de la multiplicación. Recuérdales que el Espíritu Santo está en ellos, y que tienen todo lo necesario para invertir en la vida de otros. Recuérdales que estarás siempre para ayudarles y prepararles para que Dios los utilice para un fin poderoso. Cuéntales historias de otros discípulos que has tenido que ahora están haciendo discípulos. Todas estas cosas empiezan a preparar a tus discípulos para la multiplicación.

En tercer lugar, no dejes de reunirte con un discípulo hasta que esté listo para multiplicarse. ¡Quédate a su lado! Ayúdale a superar los obstáculos y los problemas que le impiden invertir en los demás. Si a una persona le cuesta reproducirse, emparéjalo con otro hacedor de discípulos y deja que codirija un grupo. Tendrá a alguien para ayudarle y se sentirá más seguro para empezar a multiplicarse. A veces digo: «Oye, voy a iniciar un nuevo grupo; ¿me ayudas a liderarlo? Nos iremos turnando cada semana para liderar, pero te ayudaré si luchas con algo». Pasado un tiempo, empiezo a darle cada vez más oportunidades para liderar el grupo por sí solo. De esta manera aumentas su confianza y lo preparas para liderar por su cuenta cuando llegue el momento. Si a Jesús le parece importante la multiplicación espiritual, también debe serlo para nosotros.

¿Por qué es tan importante que tu grupo se multiplique?

_____

_____

_____

_____

_____

_____

_____

_____

_____

¿Cuáles son las tres cosas que puedes hacer para que la multiplicación

en tu grupo sea una realidad?

_____

_____

_____

_____

_____

_____

_____

_____

_____

_____

TIEMPO PARA PRÁCTICA

Empieza memorizando el versículo de la Escritura de la semana.

*«Me es necesario hacer las obras del que me envió, entre tanto que el día dura;
la noche viene, cuando nadie puede trabajar»*
(Juan 9,4)

Repasa tu frase *«Voy a»* de esta semana.

Procede con la lectura de las Escrituras de *«La Biblia en un año»* para hoy.
Mientras lees no te olvides, que es importante que uno recuerda a los acrósticos **s.i.e.n.t.a.** y **o.r.a.r.**.

Esta semana vas a guiar a tu *«Grupo de Crecimiento Espiritual»*
en la segunda sesión de *«Camina con Dios»*.

TIEMPO PARA ORAR

Ora por el grupo que lideres pidiendo a Dios que los ayude a multiplicarse.

MULTIPLICA TU IGLESIA

Multiplicar discípulos es el principal medio de crecimiento y multiplicación de las iglesias. Si echamos un vistazo a la iglesia en los primeros años, los discípulos se multiplicaban y la iglesia crecía. En **(Hechos 6,7)** leemos: *«Y crecía la palabra del Señor, y el número de los discípulos se multiplicaba mucho en Jerusalén; también muchos de los sacerdotes obedecían la fe»*. Una iglesia crece de manera saludable cuando se hacen discípulos de manera saludable. Las iglesias que crecen rápidamente gracias a trucos temporales o líderes famosos no suelen durar. Estas iglesias están llenas de gente, pero carecen de madurez espiritual. Sin embargo, las iglesias que alcanzan a las comunidades con el Evangelio, atraen a nuevos creyentes a grupos y los entrenan para caminar con Dios y reproducirse, gozan de un crecimiento a largo plazo que es constante y fuerte. ¿Por qué es tan importante hacer discípulos para la iglesia local? He aquí algunas razones:

En primer lugar, **hacer discípulos es la mejor manera de generar líderes**. Al fin y al cabo, fue Jesús quien entrenó a Sus discípulos y terminó comisionándoles para el liderazgo **(Marcos 3,13-14)**. Jesús no fue a buscar grandes líderes para unirlos en Su causa. Buscó a hombres fieles, dispuestos y enseñables y les entrenó para colocarlos en puestos de liderazgo. El apóstol Pablo siguió ese mismo modelo. A menudo, Pablo guío a hombres a Cristo y los tenía como discípulos durante un tiempo. Si demostraban ser fieles en su vida personal, los guío a puestos de liderazgo. Muchos pastores me dicen frustrados: «no tengo suficientes líderes». Pero debemos saber que la mejor manera de conseguir líderes es desarrollarlos. Así lo hizo Jesús. Las iglesias cometen el grave error de colocar en puestos de liderazgo a personas que no han sido entrenadas para caminar con Dios, alcanzar su mundo e invertir tu vida en unos pocos. Si no están viviendo de acuerdo con estos principios en su vida persona, ¿cómo pueden guiar a la iglesia a vivir de ese modo?

En segundo lugar, hacer discípulos es la mejor manera de que los pastores y líderes de la iglesia estén renovados y alegres. Me acuerdo de las palabras del apóstol Pablo a la iglesia de Tesalónica: *«Porque ¿cuál es nuestra esperanza, o gozo, o corona de que me gloríe? ¿No lo sois vosotros, delante de nuestro Señor Jesucristo, en su venida? Vosotros sois nuestra gloria y gozo»* **(1 Tesalonicenses 2,19-20)**. Para Pablo, el gozo de su ministerio no se basa en sus logros o el éxito profesional. Su gozo se basaba en amar e invertir su vida en las personas que Dios le entregaba. Para Jesús, fue lo mismo. La única vez que leemos que Jesús se regocijaba es cuando vio a Sus discípulos invirtiendo y formando una nueva generación de discípulos **(Lucas 10,21)**.

Seamos realistas… Muchos pastores están desanimados. El esfuerzo de predicar, liderar y tener compasión puede ser abrumador. Nadie puede cumplir las expectativas de todos los miembros de la iglesia. Si el gozo de un pastor se basa en la aprobación de la gente o en el cumplimiento de objetivos, ese gozo acabará desvaneciéndose. El verdadero gozo en el ministerio lo produce invertir tu vida en las personas y ver cómo ellas hacen lo mismo después. ¡Nada es comparable a ese gozo! Soy pastor desde hace muchos años. He vivido los momentos buenos y los malos de la vida en la iglesia. Pero lo que me mantiene comprometido con la iglesia local es mi amor profundo por las personas en las que vertido mi vida, y el gozo profundo de ver cómo caminan con Dios. ¡De eso nunca me canso!

En tercer lugar, **hacer discípulos es la mejor manera de elevar el fervor misionero de tu iglesia.** Cuando enseñes a tus discípulos en la iglesia y les ayudes a caminar con Dios y compartir su fe, descubrirás cómo cambia la actitud general de la iglesia. La gente compartirá su fe de un modo más activo. La gente estará más dispuesta a dar y a servir. La gente se compromete más con la misión de la iglesia y se interesa menos en las divisiones y distracciones. En muchos sentidos, hacer discípulos es como construir una base sólida para un edificio. Cuando tienes discípulos comprometidos y sólidos en la iglesia, es menos probable que los cimientos se muevan o resquebrajen. Algunos pastores creen que la gente se comportará de un modo diferente con solo predicar sobre estos temas. Pero he comprobado que eso no es así.

No es que esté en contra de predicar. Predicar y enseñar la Palabra de Dios es fundamental para una iglesia saludable y próspera. Sin embargo, hay ciertos comportamientos que no se pueden enseñar; hay que captarlos. Tienes que ver a alguien «vivirlo» para demostrarte cómo se hace. Gran parte de la vida cristiana sigue este criterio. He escuchado muchos sermones sobre la oración, pero yo aprendí a orar con un hombre que me invitaba a su casa a las 5:30 de la madrugada una vez a la semana para orar juntos. He escuchado muchos sermones sobre cómo compartir la fe, pero yo aprendí de un hombre que invirtió en mí y me enseñó a compartir el Evangelio con otros. He escuchado muchos sermones sobre cómo hacer discípulos, pero yo aprendí de un hombre que invirtió su vida en mí y me enseñó a hacer lo mismo con los demás. Cuando hacemos discípulos en la iglesia local, cambiamos toda la personalidad de la misma.

En cuarto lugar, **hacer discípulos multiplica la influencia de la iglesia.** Cuando uno cuenta con líderes emergentes, pastores renovados y una familia de la iglesia saludable, está preparado para expandir el ministerio de la iglesia. Estos discípulos entrenados se convierten en los hombres y mujeres del frente de batalla que se encargan de expandir el alcance de la iglesia en casa y en todo el mundo. Son los primeros en iniciar nuevos grupos reducidos y «Grupos de Crecimiento Espiritual». Son los primeros en viajar fuera para hacer discípulos. Son los primeros en dar sacrificialmente. Son los primeros en fundar nuevos lugares de culto, nuevas plantaciones de iglesias y nuevas ubicaciones de iglesias. Son los primeros en seguir la guía del Espíritu para iniciar nuevos ministerios que aún no existen. Hacer discípulos es fundamental para la multiplicación de una iglesia saludable.

TIEMPO PARA REFLEXIONAR

¿Por qué crees que hacer discípulos es tan importante para la salud y
el crecimiento de la iglesia local?

_____

_____

_____

_____

_____

_____

_____

_____

_____

¿Cómo puedes ayudar a hacer discípulos y hacer crecer tu iglesia?

_____

_____

_____

_____

_____

_____

_____

_____

_____

_____

TIEMPO PARA PRÁCTICA

Empieza memorizando el versículo de la Escritura de la semana.

«Me es necesario hacer las obras del que me envió, entre tanto que el día dura;
la noche viene, cuando nadie puede trabajar»
(Juan 9,4)

Repasa tu frase *«Voy a»* de esta semana.

Procede con la lectura de las Escrituras de *«La Biblia en un año»* para hoy.
Mientras lees no te olvides, que es importante que uno recuerda a los acrósticos **s.i.e.n.t.a.** y **o.r.a.r.**.

Esta semana vas a guiar a tu *«Grupo de Crecimiento Espiritual»*
en la segunda sesión de *«Camina con Dios»*.

TIEMPO PARA ORAR

Dedica tiempo hoy mismo a pedir a Dios para que tu iglesia multiplique su impacto
en tu comunidad y en todo el mundo.

HACIENDO LA OBRA

Era la última etapa del ministerio de Jesús. Sabía que Su tiempo en la tierra estaba llegando a su fin. Jesús miró a sus discípulos y les dijo: **«Yo tengo que hacer las obras del que me envió, entre tanto que dure el día; la noche viene cuando nadie puede trabajar» (Juan 9,4)**. El trabajo del que hablaba Jesús es el trabajo de hacer discípulos que hacen discípulos. Este es el trabajo que nos ha encomendado hacer en la tierra. Vamos a rebobinar hasta el primer año del ministerio de Jesús. Se encuentra solo junto a un pozo en Samaria. Sus discípulos acababan de regresar del mercado, adonde habían ido a comprar el almuerzo de Jesús. Lo que no sabían es que Jesús acababa de tener una conversación muy poderosa con una mujer junto al pozo y que pondría en movimiento a toda una comunidad para conocer y seguir a Cristo. Cuando le insistían en que comiese, Jesús les respondía: **«Mi comida es que haga la voluntad del que me envió y que acabe su obra» (Juan 4,34)**. Era como si Jesús les estuviese diciendo: «Chicos, no hay nada más satisfactorio y gratificante que hacer la obra para el cual me ha mandado aquí Mi Padre». ¿Cuál era la obra que estaba haciendo? Esa obra era atraer a la gente hacia Él y hacer discípulos.

Te aseguro que no hay nada más satisfactorio que hacer discípulos. Puede que ganes más dinero del que te imaginabas. Puede que alcances la cima del éxito. Puede que poseas cosas y conozcas lugares que la mayoría solo podría soñar, pero si no inviertes tu vida en algo que perdure para toda la eternidad, todo esto no tiene valor. El trabajo que perdura y el trabajo que satisface para toda la eternidad es el de hacer discípulos. Ahora, vamos a avanzar hasta la última noche de Jesús en la tierra. Está sentado junto a Sus discípulos compartiendo una comida de Pascua. Con el corazón lleno, elevó la mirada hacia el Cielo para orar. **«Yo te he glorificado en la tierra; he acabado la obra que me diste que hiciese» (Juan 17,4)**. Voy a hacerte una pregunta. ¿Cuál es esa «obra» a la que se refiere Jesús aquí? Desde luego, no hablaba de ir a la cruz. Es no había ocurrido aún. Jesús decía que había acabado esta obra. La palabra «acabado» la empleó Jesús también cuando habló en la cruz: **«acabado está» (Juan 19,30)**. ¿Qué obra había acabado Jesús que glorificaba al Padre? ¿Qué obra le había encomendado el Padre? Era la obra de hacer discípulos para que se reprodujesen.

Amigo mío, esta es la misma obra que Jesús ha puesto en tus manos y en las mías. Jesús no nos ha elegido a cada uno para ser un pastor o líder de la iglesia. No obstante, Él ha dado a todos nosotros la responsabilidad de hacer discípulos que lleven el Evangelio a los confines de la tierra y se multipliquen. Las palabras de Jesús aquí me reconfortan mucho. «*Tenemos que hacer las obras del que me envió*». Ese «*tenemos*» me llama poderosamente la atención. Me parece maravilloso pensar que cuando hacemos discípulos nos estamos asociando con Jesús. En ningún otro momento seguimos tan de cerca los pasos de Jesús que cuando seguimos Su ejemplo invirtiendo nuestras vidas en los demás. No hay ningún momento en que reflejemos el corazón y la pasión de Jesús más que cuando vertemos nuestras vidas en otra persona. Y esta comunidad sobrenatural con Jesús que experimentamos en las trincheras del discipulado no la experimentamos en ningún otro sitio.

Creo que este fue el motivo por el cual Jesús nos hizo esa maravillosa promesa al término de su mandato de hacer discípulos. Simplemente había dicho «*id a hacer discípulos de todas las naciones*», y luego añadió «*y yo estaré con vosotros*». Te aseguro que cuando me reúno con la gente a primera hora de la mañana y vierto mi vida en ellos, siento la presencia de Jesús de un modo poderoso. Siento Su placer. Siento que me dice: «Craig, esta es la clave de todo. Invierte tu vida como Yo he invertido la Mía».

Imagina cómo será el día en que estés delante de Jesús. Porque eso va a pasar. Tan seguro como ahora estás leyendo estas palabras y estás respirando, conocerás a Jesús cara a cara. Y ese día, ¿cómo va a evaluar Él tu vida? ¿Dirá que tu vida generó tanto impacto que cambió las vidas de cientos e incluso miles de personas? Y todo porque decidiste invertir tu vida en una persona que después invirtió en otra, y luego en otra y en otra, en nombre de Jesús. ¿O dirá que querría haber hecho mucho más a través de ti para generar un impacto eterno pero tú estabas demasiado ocupado? Estoy seguro de que en ese momento querrías poder volver y vivir tu vida de nuevo para entregarte al trabajo que Jesús te ha encomendado, pero para entonces ya será demasiado tarde. La buena noticia es que aún no es tarde para ti. Puedes vivir ahora con eso en mente. Puedes hacer que el día de hoy cuente para toda la eternidad. Puedes compartir la esperanza que tienes en Jesús. Puedes invertir tu vida en otra persona. Puedes hacer discípulos que hagan discípulos, y poner en marcha un movimiento a través de tu vida que no se detendrá hasta que Jesús regrese.

TIEMPO PARA REFLEXIONAR

¿Cuál es la obra que nos ha encomendado Jesús?

_____

_____

_____

_____

_____

_____

_____

_____

Describe cómo te gustaría que fuera el momento en el que estés delante de Jesús.
¿Cómo quieres que Jesús evalúe tu vida? ¿Qué tendría que ocurrir hoy para que esa visión
de tu vida se haga realidad?

_____

_____

_____

_____

_____

_____

_____

_____

_____

_____

TIEMPO PARA PRÁCTICA

Empieza memorizando el versículo de la Escritura de la semana.

«Me es necesario hacer las obras del que me envió, entre tanto que el día dura;
la noche viene, cuando nadie puede trabajar»
(Juan 9,4)

Repasa tu frase *«Voy a»* de esta semana.

Procede con la lectura de las Escrituras de *«La Biblia en un año»* para hoy.
Mientras lees no te olvides, que es importante que uno recuerda a los acrósticos **s.i.e.n.t.a.** y **o.r.a.r..**

Esta semana vas a guiar a tu *«Grupo de Crecimiento Espiritual»*
en la segunda sesión de *«Camina con Dios»*.

TIEMPO PARA ORAR

Pide al Señor que te dé un propósito determinado para conocerlo, seguirlo y hacer discípulos.
Pídele que te guarde de las distracciones que te impedirían hacer discípulos.

UNA GRAN PREGUNTA

¡**E**nhorabuena! Has finalizado el entrenamiento de «*Un Estudio De Crecimiento Espiritual*». Ya sabes cómo caminar con Dios, alcanzar tu mundo e invertir tu vida en unos pocos. Alguien ha vertido su vida en ti, y estás en proceso de tomar lo que has recibido para verterlo en otra persona. Estoy convencido de que nuestro Padre te llenará de Su Espíritu y te utilizará de un modo poderoso mientras das tu vida por la causa de Jesús. Quiero concluir nuestro tiempo junto del mismo modo que suelo concluir cuando hablo con un grupo de líderes acerca del hacer discípulos.

Quiero que imagines que estás en un grupo y yo estoy hablando. Ahora, imagina que tengo una manzana en la mano: una manzana roja, limpia y fresca.

Mientras la sostengo y todos miran, hago la pregunta: «¿*Cuántas manzanas estoy sosteniendo?*» Todos miran estupefactos, sorprendidos por una pregunta tan obvia. Alguien murmura en bajo al fondo de la habitación: «*una*». Mientras les miro esperando otra respuesta, de pronto sobreviene otro pensamiento. Abren bien los ojos, se observan sus sonrisas. Otro responde aún con más confianza: «*¡un millón!*» Ahora todo el mundo ve la manzana de un modo completamente distinto.

En cierto modo, la primera persona tenía razón. Solo estoy sosteniendo una manzana, pero en su interior hay semillas. Semillas que, si se plantan y se cultivan, podrían convertirse en árboles que podrían producir cientos de manzanas con sus semillas, que a su vez podrían producir miles de árboles. Huertos llenos de árboles. ¡Millones de manzanas! Aunque estoy sosteniendo una manzana, potencialmente son millones.

Tu vida es igual que esta manzana. Solo tienes una vida, pero tiene el potencial de generar un impacto y cambiar innumerables vidas. ¿Quién sabe cuántas personas pueden verse impactadas por tu vida? Solo Dios lo sabe.

En este punto, suelo decir algo como: «*La gran pregunta que determina si esta manzana se queda sola o se convierte en un huerto de manzanas es esta: ¿vas a consumir o vas a invertir? Puedes optar por consumir esta manzana y disfrutar su sabor por un momento. Si es así, dale un buen mordisco. O bien puedes optar por abrir esta manzana e invertir sus semillas con la esperanza de que produzca una cosecha*».

Esta misma gran pregunta determinará tu impacto sobre la tierra. Puedes optar por consumir tu vida contigo mismo: centrarte en tu carrera, pasatiempos, intereses o planes. Cuando te llegue la hora, habrás consumido el máximo de vida posible, pero no habrás dejado nada que perdure. Nuestros restos, como el corazón de la manzana, serán enterrados y olvidados muy pronto. Pero hay otra opción. Puedes optar por invertir tu vida. Puedes optar por aprovechar lo que has aprendido sobre seguir a Jesús - conocerlo profundamente y compartir el Evangelio con otras personas - para después invertirlo de manera estratégica y sistemáticamente en los demás. Si inviertes tu vida, te fascinará lo que Dios puede hacer a través de ti. Pablo escribe en **(Gálatas 6,9)**: *«No nos cansemos, pues, de hacer bien, porque a su tiempo segaremos, si no desmayamos».*

Esta es mi oración para ti: Oro para que camines con Jesús de un modo profundo y personal, permaneciendo en Él cada día. Oro para que llegues a las personas de tu vida que necesitan el mensaje de esperanza y compartas todo lo que Jesús ha hecho por ti. Y oro para que inviertas tu vida en unos pocos que tomen lo que les das y lo transmitan a otros. Algún día nos encontraremos en el huerto de las vidas cambiadas y alabaremos a Dios por haber tenido la oportunidad de ser utilizados para Su gloria.

THINK IT OUT TIEMPO PARA REFLEXIONAR

¿Qué te ha llamado más la atención sobre la metáfora de la manzana?

_____

_____

_____

_____

_____

_____

_____

_____

_____

_____

_____

Compara una vida que se consume con una vida que se invierte.

_____

_____

_____

_____

_____

_____

_____

_____

_____

_____

_____

_____

_____

_____

_____

_____

_____

_____

_____

_____

_____

_____

_____

_____

_____

_____

_____

_____

_____

TIEMPO PARA PRÁCTICA

Empieza memorizando el versículo de la Escritura de la semana.

«Me es necesario hacer las obras del que me envió, entre tanto que el día dura;
la noche viene, cuando nadie puede trabajar»
(Juan 9,4)

Repasa tu frase *«Voy a»* de esta semana.

Procede con la lectura de las Escrituras de *«La Biblia en un año»* para hoy.
Mientras lees no te olvides, que es importante que uno recuerda a los acrósticos **s.i.e.n.t.a.** y **o.r.a.r.**.

Esta semana vas a guiar a tu *«Grupo de Crecimiento Espiritual»*
en la segunda sesión de *«Camina con Dios»*.

TIEMPO PARA ORAR

Ríndete tu vida por completo a Dios y pídele que te llene con Su Espíritu
para hacer discípulos para toda la vida.

TU DÍA PARA ORAR

Hoy no tienes ninguna lectura adicional. Dedica tiempo a la Palabra de Dios, escucha Su voz y ora fervientemente por tus amigos perdidos.

TIEMPO PARA REFLEXIONAR

Esta semana hemos estudiado cómo multiplicar tu vida.

¿Qué te ha llamado más la atención sobre el tema de esta semana?

_____

_____

_____

_____

_____

_____

_____

_____

_____

_____

_____

_____

_____

¿Cómo puedes empezar a multiplicar intencionalmente tu vida en los demás?

_____

_____

_____

_____

_____

_____

_____

_____

_____

_____

_____

_____

_____

_____

_____

_____

_____

_____

_____

_____

_____

_____

_____

_____

TIEMPO PARA PRÁCTICA

Empieza memorizando el versículo de la Escritura de la semana.

«Me es necesario hacer las obras del que me envió, entre tanto que el día dura;
la noche viene, cuando nadie puede trabajar»
(Juan 9,4)

Repasa tu frase *«Voy a»* de esta semana.

Procede con la lectura de las Escrituras de *«La Biblia en un año»* para hoy.
Mientras lees no te olvides, que es importante que uno recuerda a los acrósticos **s.i.e.n.t.a.** y **o.r.a.r.**

Esta semana vas a guiar a tu *«Grupo de Crecimiento Espiritual»*
en la segunda sesión de *«Camina con Dios»*.

PARA EL TRABAJO EN GRUPO

*Mi frase «**Voy a**»:*

En la línea de lo que acabo de estudiar, esta semana voy a poner en práctica lo siguiente:

_____

_____

_____

_____

_____

_____

_____

_____

_____

_____

_____

_____

_____

_____

_____

_____

_____

_____

_____

_____

_____

_____

_____

_____

_____

APÉNDICES

II
MEMORIZAR LAS ESCRITURAS

V
INSTRUCCIONES PARA QUE UNO S.I.E.N.T.A. A DIOS

VII
INSTRUCCIONES PARA O.R.A.R. A DIOS

IX
LA BIBLIA EN UN AÑO: PLAN DE LECTURA DIARIO DE LA BIBLIA

XXIII
PREGUNTAS DE CARÁCTER

XXIV
LISTA DE 40 VERSÍCULOS EXCEPCIONALES PARA MEMORIZAR

MEMORIZAR LAS ESCRITURAS

«¿Con qué limpiará el joven su camino? Con guardar tu palabra. ... En mi corazón he guardado tus palabras para no pecar contra ti». **(Salmo 119,9; 119, 11)**

¿POR QUÉ DEBEMOS MEMORIZAR LAS ESCRITURAS?

Memorizar las Escrituras es fundamental para tu crecimiento espiritual en Cristo. El propio Jesús conocía las Escrituras de memoria. Como a cualquier niño judío, a Jesús se le habría exigido memorizar los cinco primeros libros del Antiguo Testamento (Torá) antes de cumplir los 12 años. A lo largo del ministerio de Jesús, citó las Escrituras de memoria en ochenta ocasiones diferentes de setenta pasajes distintos. Citó las Escrituras de memoria, afirmando tres veces «escrito está» mientras resistía la tentación **(Mateo 4, 1-11)**.

Sus discípulos eran también devotos de la palabra de Dios y se dedicaban por completo a orar y predicar las Escrituras **(Hechos 2, 42; 6, 4)**. A lo largo de los siglos, hombres y mujeres de Dios se han dedicado a memorizar la palabra de Dios.

«La memorización de la Biblia es fundamental para la formación espiritual. Si tuviera que elegir entre todas las disciplinas de la vida espiritual, elegiría la memorización de la Biblia, pues es un medio fundamental para llenar nuestra mente con lo que necesita. Este libro de la ley no saldrá de tu boca. ¡Ahí es donde tiene que estar! ¿Y cómo puede llegar a tu boca? Memorizándolo».

— **Dallas Willard**, Profesor de Filosofía de la Universidad del Sur de California

«En términos prácticos, no conozco ninguna otra actividad más gratificante en la vida cristiana que la de memorizar las Escrituras. ...¡Ningún otro ejercicio rinde mayores beneficios espirituales! Tu vida de oración se verá reforzada. Tu testimonio será más preciso y mucho más efectivo. Tus actitudes y perspectivas empezarán a cambiar. Tu mente estará más alerta y atenta. Aumentará tu confianza y tu seguridad. Tu fe se consolidará».

— **Chuck Swindoll**, Profesor de Filosofía de la Universidad del Sur de California
(*«Spiritual Formation in Christ for the Whole Life and Whole Person» in Vocatio, Vol. 12, N.º 2, Primavera 2001, p. 7.*)

ANTES DE COMENZAR

• Reúne los materiales adecuados. Necesitarás una tarjeta de memorización de Escrituras, un paquete de memorización de Escrituras, un lápiz y una Biblia.

• Lee el contexto del versículo para entender correctamente su significado.

• Escribe el versículo en una cara de la tarjeta de memorización, y la referencia (donde se encuentra el versículo) en la otra cara.

COMO MEMORIZAR EL VERSÍCULO

• Lee el versículo en voz alta entre ocho y diez veces.

• Divide el versículo en frases. Practica recitando la primera frase varias veces, hasta que la sepas de memoria. A continuación, añade la frase siguiente hasta que la memorices. Continúa hasta que puedas recitar el versículo de memoria perfectamente palabra por palabra.

• No olvides memorizar la referencia del versículo (por ej.: **Juan 3, 16**), no solo el propio versículo.

• Reflexiona profundamente sobre cada frase mientras la memorizas. ¿Cómo puede aplicarse a tu vida? No te limites a memorizarla solamente, deja que se adentre en tu corazón.

CÓMO MANTENER LOS VERSICULOS

• Guarda todas las tarjetas juntas en tu paquete de memorización de Escrituras.

• Repasa. Repasa. Repasa. La repetición hace que los versículos se graben en tu mente y tu corazón.

• Comparte los versículos con tus amigos. Cuando los utilizas para animar a otras personas, Dios te anima a ti.

VERSÍCULOS SEMANALES PARA MEMORIZAR

SEMANA **UNO**

«Y Jesús se acercó y les habló diciendo: Toda potestad me es dada en el cielo y en la tierra. Por tanto, id, y haced discípulos a todas las naciones, bautizándolos en el nombre del Padre, y del Hijo, y del Espíritu Santo; enseñándoles que guarden todas las cosas que os he mandado; y he aquí yo estoy con vosotros todos los días, hasta el fin del mundo. Amén» **(MATEO 28,18-20)**.

SEMANA **DOS**

«El que dice que permanece en él, debe andar como él anduvo»
(1 JUAN 2,6).

SEMANA **TRES**

«Lo que has oído de mí ante muchos testigos, esto encarga a hombres fieles que sean idóneos para enseñar también a otros» **(2 TIMOTEO 2,2)**.

SEMANA **CUATRO**

«El discípulo no es superior a su maestro; mas todo el que fuere perfeccionado, será como su maestro» **(LUCAS 6,40)**.

SEMANA **CINCO**

«Un mandamiento nuevo os doy: Que os améis unos a otros; como yo os he amado, que también os améis unos a otros. En esto conocerán todos que sois mis discípulos, si tuviereis amor los unos con los otros» **(JUAN 13,34-35)**.

SEMANA **SEIS**

«Así, pues, cualquiera de vosotros que no renuncia a todo lo que posee no puede ser mi discípulo»
(LUCAS 14,33).

SEMANA **SIETE**

«Me es necesario hacer las obras del que me envió, entre tanto que el día dura; la noche viene, cuando nadie puede trabajar» **(JUAN 9,4)**.

INSTRUCCIONES PARA QUE UNO S.I.E.N.T.A. LA VOZ DE DIOS

«Mis ovejas oyen mi voz, y yo las conozco, y me siguen» — Jesús
(Juan 10, 27)

Dios sigue hablando hoy en día, y aquellos que lo siguen escuchan Su voz. Pero ¿cómo podemos escuchar la voz de Dios? Dios habla principalmente a través de Su Palabra, la Biblia. Cuando lees la Biblia y reflexionas profundamente sobre lo que dice, aplicándolo a tu vida, Dios te habla a través de Su Espíritu. Para aprender a escuchar a Dios, vamos a crear un acróstico que pueda enseñarnos y para que uno **«s.i.e.n.t.a.»** a Dios cuando escuchas a Dios a través de leer Su Palabra.

S significa seleccionar un pasaje de la Palabra de Dios. Para saber escuchar, hay que empezar mirando la Palabra de Dios. Si el principal medio que emplea Dios para hablar es Su Palabra, es necesario leer la Palabra de Dios para poder escucharlo. Acostúmbrate a leer la Palabra de Dios cada día. Antes de empezar a leer cada día, dedica un tiempo a orar. Pídele a Dios que te abra los ojos para verlo y te abra los oídos para escuchar Su voz. Ora: «Háblame, Señor, te estoy escuchando».

I significa identificar lo más importante para ti. Cuando leas, debe estar pendiente de lo que el Espíritu de Dios te señala para que adviertas. A menudo, te llamará la atención una palabra o una frase. En ocasiones, el Espíritu te señalará una enseñanza que se te pueda aplicar directamente. No leas de manera casual, sino activamente, buscando lo que te depara Dios ese día. Cuando te llame la atención algún versículo, subráyalo en tu Biblia.

E significa identificar lo más importante para ti. Cuando leas, debe estar pendiente de lo que el Espíritu de Dios te señala para que adviertas. A menudo, te llamará la atención una palabra o una frase. En ocasiones, el Espíritu te señalará una enseñanza que se te pueda aplicar directamente. No leas de manera casual, sino activamente, buscando lo que te depara Dios ese día. Cuando te llame la atención algún versículo, subráyalo en tu Biblia.

N significa nutrir tu mente y reflexiona sobre cómo se aplica a tu vida. Una vez que entiendes claramente el significado tráelo a tu corazón. Reflexiona profundamente sobre cómo se aplican estas verdades a tu vida. Esto es lo que la Biblia denomina meditación. Mucha gente cree que la meditación es vaciar la mente y pensar en cosas agradables. No obstante, la meditación bíblica se centra en la Palabra de Dios y en pedirle a Dios que la aplique a nuestra vida. **Salmo 119, 15** dice: «*En tus mandamientos meditaré; Consideraré tus caminos*».

Dios le dijo a Josué: «*Nunca se apartará de tu boca este libro de la ley, sino que de día y de noche meditarás en él, para que guardes y hagas conforme a todo lo que en él está escrito; porque entonces harás prosperar tu camino, y todo te saldrá bien*» **(Josué 1, 8)**.

T significa tomar la costumbre de orar con Dios. Una vez que has escuchado a Dios a través de Su Palabra, la has estudiado y has meditado sobre cómo se aplica a tu vida, llega el momento de orar sobre ese tema. El simple hecho de orar las Escrituras a Dios con tus propias palabras puede ser algo muy poderoso. Pídele a Dios que haga realidad la verdad en tu vida. Si tienes algún pecado que confesar, confiésalo a Dios rápidamente para recibir Su perdón prometido, **(1 Juan 1, 9)**. Ahora, Dios y tú mantenéis una conversación significativa y transformadora.

A significa anotar lo que Dios dice y lo que tú oras en un diario. Es importante anotar lo que Dios dice, por diversos motivos:

1) Te ayuda a recordar lo que Dios te ha hablado en tu vida. Si Dios te condena a realizar algún acto, escribirlo te ayudará a recordar de obedecer. Si Dios te hace una gran promesa o te dice palabras de ánimo, escribirlo te ayudará a recordar lo que te ha dicho.
2) Anotar tus conversaciones con Dios te animará a lo largo de los años. Si miras atrás a momentos oscuros de tu vida y lees lo que Dios te ha hablado, te animarás sabiendo que Él es fiel y te ayudará a superar tus dificultades actuales.
3) Escribir tus conversaciones con Dios te ayudará a transmitir grandes promesas y experiencias a tus hijos y a otros. A lo largo de los años, grandes hombres y mujeres de fe han mantenido la disciplina cotidiana de escribir un diario espiritual para conocer mejor a Dios.

A continuación, te ofrezco consejos prácticos para iniciar tu diario:

1) Pon la fecha en la parte superior para recordar cuándo te ha hablado Dios.
2) Escribe el pasaje clave y aquellas percepciones que te transmita Dios.
3) Indica cómo se aplica el pasaje a tu vida. También es conveniente personalizarlo, reescribirlo con tu propio nombre como si Jesús te hablara directamente.
4) Escribe tu oración personal. Redacta como si estuvieras escribiendo una carta a Jesús.
5) Resume lo que Dios te ha hablado con un título breve en la parte superior de la página.

¿CÓMO O.R.A.R.?

«Mi corazón ha dicho de ti: Buscad mi rostro. Tu rostro buscaré, oh Jehová»
(Salmo 27, 8)

Dios desea que busques Su rostro y lo conozcas de un modo profundo y personal. Una de las formas de buscar a Dios es hablar con Él en la oración. Los discípulos de Jesús acudieron a Él para preguntarle cómo debían orar. Sabían que el secreto de la hermandad de Jesús con el Padre y de Su fuente de energía estaba en Su vida de oración. Jesús dio a sus discípulos una oración modelo para guiarles a la hermandad con el Padre **(Mateo 6, 9-13)**. Ahora, te presento una manera sencilla para **o.r.a.r.** como Jesús cada día.

O significa **OFRECER ALABANZA**. Jesús inicia su oración alabando al Padre. Dijo: *«Padre nuestro que estás en los cielos, santificado sea tu nombre»* **(Mateo 6, 9)**. Santificado viene de santo: distinguir o venerar a alguien o algo. Jesús está diciendo: *«Padre, tu nombre es sagrado»*. Jesús iniciaba sus oraciones con una alabanza. Lo primero que debes hacer cuando estés en presencia de Dios es alabarlo.

Salmo 100, 4 dice: *«Entrad por sus puertas con acción de gracias, por sus atrios con alabanza. ¡Alabadle; bendecid su nombre!»*. **Salmo 22, 3** dice: *«Pero tú eres santo, Tú que habitas entre las alabanzas de Israel»*. Los ángeles están en presencia de Dios clamando: *«Y el uno al otro daba voces, diciendo: Santo, santo, santo, Jehová de los ejércitos; toda la tierra está llena de su gloria»* **(Isaías 6, 3)**. Si eso es cierto, cuando llegues a la presencia de Dios, no vendrás esperando algo sino vendrás para alabarlo.

R significa **REGRESAR**. Jesús oró: *«Venga tu reino. Hágase tu voluntad, como en el cielo, así también en la tierra»* **(Mateo 6, 10)**. ¿Por qué oró Jesús para que viniera el Reino? El Reino de Dios es el gobierno de Dios en las vidas de Su gente. Formar parte del Reino de Dios es cumplir Su voluntad. Aquellos que cumplen la voluntad de Dios forman parte de Su Reino. Cuando oramos «Venga tu reino. Hágase tu voluntad», estamos orando «Padre, en este momento quiero que gobiernes mi vida». Sin embargo, en el momento en que oramos por eso, tenemos que confesar que en realidad no vivimos de ese modo. Hay muchos apartados de nuestras vidas que escapan a la voluntad de Dios. Cuando pecamos. Cuando desfallecemos. Cuando padecemos. Cuando vagamos. Por eso necesitamos regresar al Señor. Este es el momento de pedirle a Dios que busque en tu corazón y le muestre tu pecado **(Salmos 139, 23)**, para luego confesárselo a Él rápidamente **(1 Juan 1, 9)**.

A significa **ACUDIR**. Dios desea que acudas a Él y le pidas aquello que necesitas. Jesús dijo: *«Pedid, y se os dará; buscad, y hallaréis; llamad, y se os abrirá. Porque todo el que pide, recibe; y el que busca, halla. y al que llama, se le abrirá»* **(Mateo 7, 7-8)**.

Jesús le pidió a Su Padre varias cosas, y tú puedes pedirle esas mismas cosas en la oración. Pide el sustento de Dios: *«El pan nuestro de cada día, dánoslo hoy»* **(Mateo 6, 11)**. Pide la mejor versión de Dios en tus relaciones: *«Y perdónanos nuestras deudas, como también nosotros perdonamos a nuestros deudores»* **(Mateo 6, 12)**. Pide la protección de Dios: «Y no nos metas en tentación, mas líbranos del mal» **(Mateo 6, 13)**.

R significa **RENUNCIA**. Jesús nos enseña a orar: *«Pues tuyo es el Reino, el poder y la gloria, por todos los siglos. Amén»* **(Mateo 6, 13)**. Cuando pronuncias estas palabras, estás diciendo: «Señor, me entrego a ti en cada parte de mi vida. Todo gira en torno a ti, tu Reino, tu poder y tu gloria». Es una declaración de entrega a Dios. Entregarte significa reconocer la autoridad de Jesús en tu vida, ceder el mando al Espíritu y dar gloria a Dios en todo lo que hace.

EL PLAN DE LEER DE LA BIBLIA
EN UN AÑO

Mucha gente ha aceptado el desafío de leer la entera biblia a lo largo de un año, pero acaban perdiendo fuelle y abandonando al cabo de pocas semanas o meses. Al igual que perder peso o reducir la deuda, el compromiso de leer la Palabra de Dios a diario puede resultar intimidante y abrumador. No obstante, tanto yo como otros miles de personas hemos descubierto una herramienta excepcional que te ayudará a leer la Palabra de Dios a diario y escuchar Su voz. Esa herramienta es *«La Biblia En Un Año»*. A diferencia de la mayoría de la biblias, *«La Biblia En Un Año»* divide las Escrituras en 365 lecturas diarias, una para cada día del año. A continuación, te explico por qué utilizo *«La Biblia En Un Año»*, y por qué te animo a que lo hagas tú también.

El plan de *«La Biblia En Un Año»* es muy variado. En cada lectura diaria encontrarás un pasaje del Antiguo y el Nuevo Testamento, así como Salmos y Proverbios. Si completas las cuatro lecturas cada día, habrás terminado toda la Biblia en un año. No obstante, si tienes poco tiempo puedes optar por leer únicamente el Nuevo Testamento un día, o incluso el Salmo del día. Es una herramienta muy flexible que te permite personalizar las lecturas cada día.

Si utilizas *«La Biblia En Un Año»*, solo tienes que buscar la fecha y empezar a leer. Así de simple.

«La Biblia En Un Año» está disponible en diferentes traducciones. A la largo de los años, he usado cada año una versión diferente de *«La Biblia En Un Año»* y he descubierto que cada traducción puede dar una nueva perspectiva de las Escrituras.

Por último, «La Biblia En Un Año» se ha diseñado para alentar a tu corazón. En la lectura de cada día hay un pasaje destacado que se ha elegido para alentar a tu corazón y hacer crecer tu fe. Este pasaje central es ideal para empezar a escuchar la voz de Dios cada día.

Llevo más de veinte años empezando cada día con la lectura de la Palabra de Dios de «La Biblia En Un Año». No sabría decirte cuántas veces, cuando recurría a la lectura del día, Dios había elegido esas Escrituras para alentarme, guiarme, advertirme y dirigir mis pasos. Si tienes el firme propósito de conocer a Jesús más y más cada día, descubrirás que el plan de «La Biblia En Un Año» es una ayuda excepcional para tu caminar con Dios.

Por ello, te animo a que sigas el plan de «La Biblia En Un Año» incluido en este libro, o bien compra la Biblia en un año por separado. Reúnete con Dios cada mañana. Saca un papel y un lápiz para que puedas anotar las cosas que Dios te dice ese día. Es importante que uno recuerda a los acrósticos **S.I.E.N.T.A.** y **O.R.A.R.** para tu camino en Su Palabra. De este modo, ¡descubrirás que Él te habla de un modo que transformará tu vida!

NOTA: «La Biblia En Un Año»: El calendario del plan de lectura diario se ha utilizado con permiso. Para más información sobre «La Biblia En Un Año» y sus varias traducciones, visita: **www.oneyearbibleonline.com**.

LA BIBLIA EN UN AÑO: PLAN DE LECTURA DIARIO

ENERO

01
Génesis 1:1-2:25
Mateo 1:1-2:12
Salmo 1:1-6
Proverbios 1:1-6

02
Génesis 3:1-4:26
Mateo 2:13-3:6
Salmo 2:1-12
Proverbios 1:7-9

03
Génesis 5:1-7:24
Mateo 3:7-4:11
Salmo 3:1-8
Proverbios 1:10-19

04
Génesis 8:1-10:32
Mateo 4:12-25
Salmo 4:1-8
Proverbios 1:20-23

05
Génesis 11:1-13:4
Mateo 5:1-26
Salmo 5:1-12
Proverbios 1:24-28

06
Génesis 13:5-15:21
Mateo 5:27-48
Salmo 6:1-10
Proverbios 1:29-33

07
Génesis 16:1-18:15
Mateo 6:1-24
Salmo 7:1-17
Proverbios 2:1-5

08
Génesis 18:16-19:38
Mateo 6:25-7:14
Salmo 8:1-9
Proverbios 2:6-15

09
Génesis 20:1-22:24
Mateo 7:15-29
Salmo 9:1-12
Proverbios 2:16-22

10
Génesis 23:1-24:51
Mateo 8:1-17
Salmo 9:13-20
Proverbios 3:1-6

11
Génesis 24:52-26:16
Mateo 8:18-34
Salmo 10:1-15
Proverbios 3:7-8

12
Génesis 26:17-27:46
Mateo 9:1-17
Salmo 10:16-18
Proverbios 3:9-10

13
Génesis 28:1-29:35
Mateo 9:18-38
Salmo 11:1-7
Proverbios 3:11-12

14
Génesis 30:1-31:16
Mateo 10:1-23
Salmo 12:1-8
Proverbios 3:13-15

15
Génesis 31:17-32:12
Mateo 10:24-11:6
Salmo 13:1-6
Proverbios 3:16-18

16
Génesis 32:13-34:31
Mateo 11:7-30
Salmo 14:1-7
Proverbios 3:19-20

17
Génesis 35:1-36:43
Mateo 12:1-21
Salmo 15:1-5
Proverbios 3:21-26

18
Génesis 37:1-38:30
Mateo 12:22-45
Salmo 16:1-11
Proverbios 3:27-32

19
Génesis 39:1-41:16
Mateo 12:46-13:23
Salmo 17:1-15
Proverbios 3:33-35

20
Génesis 41:17-42:17
Mateo 13:24-46
Salmo 18:1-15
Proverbios 4:1-6

21
Génesis 42:18-43:34
Mateo 13:47-14:12
Salmo 18:16-36
Proverbios 4:7-10

22
Génesis 44:1-45:28
Mateo 14:13-36
Salmo 18:37-50
Proverbios 4:11-13

23
Génesis 46:1-47:31
Mateo 15:1-28
Salmo 19:1-14
Proverbios 4:14-19

24
Génesis 48:1-49:33
Mateo 15:29-16:12
Salmo 20:1-9
Proverbios 4:20-27

25
Génesis 50:1 - Éxodo 2:10
Mateo 16:13-17:9
Salmo 21:1-13
Proverbios 5:1-6

26
Éxodo 2:11-3:22
Mateo 17:10-27
Salmo 22:1-18
Proverbios 5:7-14

27
Éxodo 4:1-5:21
Mateo 18:1-20
Salmo 22:19-31
Proverbios 5:15-21

28
Éxodo 5:22-7:25
Mateo 18:21-19:12
Salmo 23:1-6
Proverbios 5:22-23

29
Éxodo 8:1-9:35
Mateo 19:13-30
Salmo 24:1-10
Proverbios 6:1-5

30
Éxodo 10:1-12:13
Mateo 20:1-28
Salmo 25:1-15
Proverbios 6:6-11

31
Éxodo 12:14-13:16
Mateo 20:29-21:22
Salmo 25:16-22
Proverbios 6:12-15

FEBRERO

01
Éxodo 13:17-15:18
Mateo 21:23-46
Salmo 26:1-12
Proverbios 6:16-19

02
Éxodo 15:19-17:7
Mateo 22:1-33
Salmo 27:1-6
Proverbios 6:20-26

03
Éxodo 17:8-19:15
Mateo 22:34-23:12
Salmo 27:7-14
Proverbios 6:27-35

04
Éxodo 19:16-21:21
Mateo 23:13-39
Salmo 28:1-9
Proverbios 7:1-5

05
Éxodo 21:22-23:13
Mateo 24:1-28
Salmo 29:1-11
Proverbios 7:6-23

06
Éxodo 23:14-25:40
Mateo 24:29-51
Salmo 30:1-12
Proverbios 7:24-27

07
Éxodo 26:1-27:21
Mateo 25:1-30
Salmo 31:1-8
Proverbios 8:1-11

08
Éxodo 28:1-43
Mateo 25:31-26:13
Salmo 31:9-18
Proverbios 8:12-13

09
Éxodo 29:1-30:10
Mateo 26:14-46
Salmo 31:19-24
Proverbios 8:14-26

10
Éxodo 30:11-31:18
Mateo 26:47-68
Salmo 32:1-11
Proverbios 8:27-32

11
Éxodo 32:1-33:23
Mateo 26:69-27:14
Salmo 33:1-11
Proverbios 8:33-36

12
Éxodo 34:1-35:9
Mateo 27:15-31
Salmo 33:12-22
Proverbios 9:1-6

13
Éxodo 35:10-36:38
Mateo 27:32-66
Salmo 34:1-10
Proverbios 9:7-8

14
Éxodo 37:1-38:31
Mateo 28:1-20
Salmo 34:11-22
Proverbios 9:9-10

15
Éxodo 39:1-40:38
Marcos 1:1-28
Salmo 35:1-16
Proverbios 9:11-12

16
Levítico 1:1-3:17
Marcos 1:29-2:12
Salmo 35:17-28
Proverbios 9:13-18

17
Levítico 4:1-5:19
Marcos 2:13-3:6
Salmo 36:1-12
Proverbios 10:1-2

18
Levítico 6:1-7:27
Marcos 3:7-30
Salmo 37:1-11
Proverbios 10:3-4

19
Levítico 7:28-9:6
Marcos 3:31-4:25
Salmo 37:12-29
Proverbios 10:5

20
Levítico 9:7-10:20
Marcos 4:26-5:20
Salmo 37:30-40
Proverbios 10:6-7

21
Levítico 11:1-12:8
Marcos 5:21-43
Salmo 38:1-22
Proverbios 10:8-9

22
Levítico 13:1-59
Marcos 6:1-29
Salmo 39:1-13
Proverbios 10:10

23
Levítico 14:1-57
Marcos 6:30-56
Salmo 40:1-10
Proverbios 10:11-12

24
Levítico 15:1-16:28
Marcos 7:1-23
Salmo 40:11-17
Proverbios 10:13-14

25
Levítico 16:29-18:30
Marcos 7:24-8:10
Salmo 41:1-13
Proverbios 10:15-16

26
Levítico 19:1-20:21
Marcos 8:11-38
Salmo 42:1-11
Proverbios 10:17

27
Levítico 20:22-22:16
Marcos 9:1-29
Salmo 43:1-5
Proverbios 10:18

28
Levítico 22:17-23:44
Marcos 9:30-10:12
Salmo 44:1-8
Proverbios 10:19

MARZO

01
01 Levítico 24:1-25:46
Marcos 10:13-31
Salmo 44:9-26
Proverbios 10:20-21

02
Levítico 25:47-27:13
Marcos 10:32-52
Salmo 45:1-17
Proverbios 10:22

03
Levítico 27:14-
Números 1:54
Marcos 11:1-26
Salmo 46:1-11
Proverbios 10:23

04
Números 2:1-3:51
Marcos 11:27-12:17
Salmo 47:1-9
Proverbios 10:24-25

05
Números 4:1-5:31
Marcos 12:18-37
Salmo 48:1-14
Proverbios 10:26

06
Números 6:1-7:89
Marcos 12:38-13:13
Salmo 49:1-20
Proverbios 10:27-28

07
Números 8:1-9:23
Marcos 13:14-37
Salmo 50:1-23
Proverbios 10:29-30

08
Números 10:1-11:23
Marcos 14:1-21
Salmo 51:1-19
Proverbios 10:31-32

09
Números 11:24-13:33
Marcos 14:22-52
Salmo 52:1-9
Proverbios 11:1-3

10
Números 14:1-15:16
Marcos 14:53-72
Salmo 53:1-6
Proverbios 11:4

11
Números 15:17-16:40
Marcos 15:1-47
Salmo 54:1-7
Proverbios 11:5-6

12
Números 16:41-18:32
Marcos 16:1-20
Salmo 55:1-23
Proverbios 11:7

13
Números 19:1-20:29
Lucas 1:1-25
Salmo 56:1-13
Proverbios 11:8

14
Números 21:1-22:20
Lucas 1:26-56
Salmo 57:1-11
Proverbios 11:9-11

15
Números 22:21-23:30
Lucas 1:57-80
Salmo 58:1-11
Proverbios 11:12-13

16
Números 24:1-25:18
Lucas 2:1-35
Salmo 59:1-17
Proverbios 11:14

17
Números 26:1-51
Lucas 2:36-52
Salmo 60:1-12
Proverbios 11:15

18
Números 26:52-28:15
Lucas 3:1-22
Salmo 61:1-8
Proverbios 11:16-17

19
Números 28:16-29:40
Lucas 3:23-38
Salmo 62:1-12
Proverbios 11:18-19

20
Números 30:1-31:54
Lucas 4:1-30
Salmo 63:1-11
Proverbios 11:20-21

21
Números 32:1-33:39
Lucas 4:31-5:11
Salmo 64:1-10
Proverbios 11:22

22
Números 33:40-35:34
Lucas 5:12-28
Salmo 65:1-13
Proverbios 11:23

23
Números 36:1-
Deuteronomio 1:46
Lucas 5:29-6:11
Salmo 66:1-20
Proverbios 11:24-26

24
Deuteronomio 2:1-3:29
Lucas 6:12-38
Salmo 67:1-7
Proverbios 11:27

25
Deuteronomio 4:1-49
Lucas 6:39-7:10
Salmo 68:1-18
Proverbios 11:28

26
Deuteronomio 5:1-6:25
Lucas 7:11-35
Salmo 68:19-35
Proverbios 11:29-31

27
Deuteronomio 7:1-8:20
Lucas 7:36-8:3
Salmo 69:1-18
Proverbios 12:1

28
Deuteronomio 9:1-10:22
Lucas 8:4-21
Salmo 69:19-36
Proverbios 12:2-3

29
Deuteronomio 11:1-12:32
Lucas 8:22-39
Salmo 70:1-5
Proverbios 12:4

30
Deuteronomio 13:1-15:23
Lucas 8:40-9:6
Salmo 71:1-24
Proverbios 12:5-7

31
Deuteronomio 16:1-17:20
Lucas 9:7-27
Salmo 72:1-20
Proverbios 12:8-9

ABRIL

01
Deuteronomio 18:1-20:20
Lucas 9:28-50
Salmo 73:1-28
Proverbios 12:10

02
Deuteronomio 21:1-22:30
Lucas 9:51-10:12
Salmo 74:1-23
Proverbios 12:11

03
Deuteronomio 23:1-25:19
Lucas 10:13-37
Salmo 75:1-10
Proverbios 12:12-14

04
Deuteronomio 26:1-27:26
Lucas 10:38-11:13
Salmo 76:1-12
Proverbios 12:15-17

05
Deuteronomio 28:1-68
Lucas 11:14-36
Salmo 77:1-20
Proverbios 12:18

06
Deuteronomio 29:1-30:20
Lucas 11:37-12:7
Salmo 78:1-31
Proverbios 12:19-20

07
Deuteronomio 31:1-32:27
Lucas 12:8-34
Salmo 78:32-55
Proverbios 12:21-23

08
Deuteronomio 32:28-52
Lucas 12:35-59
Salmo 78:56-64
Proverbios 12:24

09
Deuteronomio 33:1-29
Lucas 13:1-21
Salmo 78:65-72
Proverbios 12:25

10
Deuteronomio 34:1-
Josué 2:24
Lucas 13:22-14:6
Salmo 79:1-13
Proverbios 12:26

11
Josué 3:1-4:24
Lucas 14:7-35
Salmo 80:1-19
Proverbios 12:27-28

12
Josué 5:1-7:15
Lucas 15:1-32
Salmo 81:1-16
Proverbios 13:1

13
Josué 7:16-9:2
Lucas 16:1-18
Salmo 82:1-8
Proverbios 13:2-3

14
Josué 9:3-10:43
Lucas 16:19-17:10
Salmo 83:1-18
Proverbios 13:4

15
Josué 11:1-12:24
Lucas 17:11-37
Salmo 84:1-12
Proverbios 13:5-6

16
Josué 13:1-14:15
Lucas 18:1-17
Salmo 85:1-13
Proverbios 13:7-8

17
Josué 15:1-63
Lucas 18:18-43
Salmo 86:1-17
Proverbios 13:9-10

18
Josué 16:1-18:28
Lucas 19:1-27
Salmo 87:1-7
Proverbios 13:11

19
Josué 19:1-20:9
Lucas 19:28-48
Salmo 88:1-18
Proverbios 13:12-14

20
Josué 21:1-22:20
Lucas 20:1-26
Salmo 89:1-13
Proverbios 13:15-16

21
Josué 22:21-23:16
Lucas 20:27-47
Salmo 89:14-37
Proverbios 13:17-19

22
Josué 24:1-33
Lucas 21:1-28
Salmo 89:38-52
Proverbios 13:20-23

23
Jueces 1:1-2:9
Lucas 21:29-22:13
Salmo 90:1-91:16
Proverbios 13:24-25

24
Jueces 2:10-3:31
Lucas 22:14-34
Salmo 92:1-93:5
Proverbios 14:1-2

25
Jueces 4:1-5:31
Lucas 22:35-53
Salmo 94:1-23
Proverbios 14:3-4

26
Jueces 6:1-40
Lucas 22:54-23:12
Salmo 95:1-96:13
Proverbios 14:5-6

27
Jueces 7:1-8:17
Lucas 23:13-43
Salmo 97:1-98:9
Proverbios 14:7-8

28
Jueces 8:18-9:21
Lucas 23:44-24:12
Salmo 99:1-9
Proverbios 14:9-10

29
Jueces 9:22-10:18
Lucas 24:13-53
Salmo 100:1-5
Proverbios 14:11-12

30
Jueces 11:1-12:15
Juan 1:1-28
Salmo 101:1-8
Proverbios 14:13-14

MAYO

01
Jueces 13:1-14:20
Juan 1:29-51
Salmo 102:1-28
Proverbios 14:15-16

02
Jueces 15:1-16:31
Juan 2:1-25
Salmo 103:1-22
Proverbios 14:17-19

03
Jueces 17:1-18:31
Juan 3:1-21
Salmo 104:1-24
Proverbios 14:20-21

04
Jueces 19:1-20:48
Juan 3:22-4:3
Salmo 104:24-35
Proverbios 14:22-23

05
Jueces 21:1-Rut 1:22
Juan 4:4-42
Salmo 105:1-15
Proverbios 14:25

06
Rut 2:1-4:22
Juan 4:43-54
Salmo 105:16-36
Proverbios 14:26-27

07
1 Samuel 1:1-2:21
Juan 5:1-23
Salmo 105:37-45
Proverbios 14:28-29

08
1 Samuel 2:22-4:22
Juan 5:24-47
Salmo 106:1-12
Proverbios 14:30-31

09
1 Samuel 5:1-7:17
Juan 6:1-21
Salmo 106:13-31
Proverbios 14:32-33

10
1 Samuel 8:1-9:27
Juan 6:22-42
Salmo 106:32-48
Proverbios 14:34-35

11
1 Samuel 10:1-11:15
Juan 6:43-71
Salmo 107:1-43
Proverbios 15:1-3

12
1 Samuel 12:1-13:23
Juan 7:1-30
Salmo 108:1-13
Proverbios 15:4

13
1 Samuel 14:1-52
Juan 7:31-53
Salmo 109:1-31
Proverbios 15:5-7

14
1 Samuel 15:1-16:23
Juan 8:1-20
Salmo 110:1-7
Proverbios 15:8-10

15
1 Samuel 17:1-18:4
Juan 8:21-30
Salmo 111:1-10
Proverbios 15:11

16
1 Samuel 18:5-19:24
Juan 8:31-59
Salmo 112:1-10
Proverbios 15:12-14

17
1 Samuel 20:1-21:15
Juan 9:1-41
Salmo 113:1-114:8
Proverbios 15:15-17

18
1 Samuel 22:1-23:29
Juan 10:1-21
Salmo 115:1-18
Proverbios 15:18-19

19
1 Samuel 24:1-25:44
Juan 10:22-42
Salmo 116:1-19
Proverbios 15:20-21

20
1 Samuel 26:1-28:25
Juan 11:1-54
Salmo 117:1-2
Proverbios 15:22-23

21
1 Samuel 29:1-31:13
Juan 11:55-12:19
Salmo 118:1-18
Proverbios 15:24-26

22
2 Samuel 1:1-2:11
Juan 12:20-50
Salmo 118:19-29
Proverbios 15:27-28

23
2 Samuel 2:12-3:39
Juan 13:1-30
Salmo 119:1-16
Proverbios 15:29-30

24
2 Samuel 4:1-6:23
Juan 13:31-14:14
Salmo 119:17-32
Proverbios 15:31-32

25
2 Samuel 7:1-8:18
Juan 14:15-31
Salmo 119:33-48
Proverbios 15:33

26
2 Samuel 9:1-11:27
Juan 15:1-27
Salmo 119:49-64
Proverbios 16:1-3

27
2 Samuel 12:1-31
Juan 16:1-33
Salmo 119:65-80
Proverbios 16:4-5

28
2 Samuel 13:1-39
Juan 17:1-26
Salmo 119:81-96
Proverbios 16:6-7

29
2 Samuel 14:1-15:22
Juan 18:1-24
Salmo 119:97-112
Proverbios 16:8-9

30
2 Samuel 15:23-16:23
Juan 18:25-19:22
Salmo 119:113-128
Proverbios 16:10-11

31
2 Samuel 17:1-29
Juan 19:23-42
Salmo 119:129-152
Proverbios 16:12-13

JUNIO

01
2 Samuel 18:1-19:10
Juan 20:1-31
Salmo 119:153-176
Proverbios 16:14-15

02
2 Samuel 19:11-20:13
Juan 21:1-25
Salmo 120:1-7
Proverbios 16:16-17

03
2 Samuel 20:14-21:22
Hechos 1:1-26
Salmo 121:1-8
Proverbios 16:18

04
2 Samuel 22:1-23:23
Hechos 2:1-47
Salmo 122:1-9
Proverbios 16:19-20

05
2 Samuel 23:24-24:25
Hechos 3:1-26
Salmo 123:1-4
Proverbios 16:21-23

06
1 Reyes 1:1-53
Hechos 4:1-37
Salmo 124:1-8
Proverbios 16:24

07
1 Reyes 2:1-3:2
Hechos 5:1-42
Salmo 125:1-5
Proverbios 16:25

08
1 Reyes 3:3-4:34
Hechos 6:1-15
Salmo 126:1-6
Proverbios 16:26-27

09
1 Reyes 5:1-6:38
Hechos 7:1-29
Salmo 127:1-5
Proverbios 16:28-30

10
1 Reyes 7:1-50
Hechos 7:30-50
Salmo 128:1-6
Proverbios 16:31-33

11
1 Reyes 8:1-66
Hechos 7:51-8:13
Salmo 129:1-8
Proverbios 17:1

12
1 Reyes 9:1-10:29
Hechos 8:14-40
Salmo 130:1-8
Proverbios 17:2-3

13
1 Reyes 11:1-12:19
Hechos 9:1-25
Salmo 131:1-3
Proverbios 17:4-5

14
1 Reyes 12:20-13:34
Hechos 9:26-43
Salmo 132:1-18
Proverbios 17:6

15
1 Reyes 14:1-15:24
Hechos 10:1-23
Salmo 133:1-3
Proverbios 17:7-8

16
1 Reyes 15:25-17:24
Hechos 10:24-48
Salmo 134:1-3
Proverbios 17:9-11

17
1 Reyes 18:1-46
Hechos 11:1-30
Salmo 135:1-21
Proverbios 17:12-13

18
1 Reyes 19:1-21
Hechos 12:1-23
Salmo 136:1-26
Proverbios 17:14-15

19
1 Reyes 20:1-21:29
Hechos 12:24-13:15
Salmo 137:1-9
Proverbios 17:16

20
1 Reyes 22:1-53
Hechos 13:16-41
Salmo 138:1-8
Proverbios 17:17-18

21
2 Reyes 1:1-2:25
Hechos 13:42-14:7
Salmo 139:1-24
Proverbios 17:19-21

22
2 Reyes 3:1-4:17
Hechos 14:8-28
Salmo 140:1-13
Proverbios 17:22

23
2 Reyes 4:18-5:27
Hechos 15:1-35
Salmo 141:1-10
Proverbios 17:23

24
2 Reyes 6:1-7:20
Hechos 15:36-16:15
Salmo 142:1-7
Proverbios 17:24-25

25
2 Reyes 8:1-9:13
Hechos 16:16-40
Salmo 143:1-12
Proverbios 17:26

26
2 Reyes 9:14-10:31
Hechos 17:1-34
Salmo 144:1-15
Proverbios 17:27-28

27
2 Reyes 10:32-12:21
Hechos 18:1-22
Salmo 145:1-21
Proverbios 18:1

28
2 Reyes 13:1-14:29
Hechos 18:23-19:12
Salmo 146:1-10
Proverbios 18:2-3

29
2 Reyes 15:1-16:20
Hechos 19:13-41
Salmo 147:1-20
Proverbios 18:4-5

30
2 Reyes 17:1-18:12
Hechos 20:1-38
Salmo 148:1-14
Proverbios 18:6-7

JULIO

01
2 Reyes 18:13-19:37
Hechos 21:1-17
Salmo 149:1-9
Proverbios 18:8

02
2 Reyes 20:1-22:2
Hechos 21:18-36
Salmo 150:1-6
Proverbios 18:9-10

03
2 Reyes 22:3-23:30
Hechos 21:37-22:16
Salmo 1:1-6
Proverbios 18:11-12

04
2 Reyes 23:31-25:30
Hechos 22:17-23:10
Salmo 2:1-12
Proverbios 18:13

05
1 Crónicas 1:1-2:17
Hechos 23:11-35
Salmo 3:1-8
Proverbios 18:14-15

06
1 Crónicas 2:18-4:4
Hechos 24:1-27
Salmo 4:1-8
Proverbios 18:16-18

07
1 Crónicas 4:5-5:17
Hechos 25:1-27
Salmo 5:1-12
Proverbios 18:19

08
1 Crónicas 5:18-6:81
Hechos 26:1-32
Salmo 6:1-10
Proverbios 18:20-21

09
1 Crónicas 7:1-8:40
Hechos 27:1-20
Salmo 7:1-17
Proverbios 18:22

10
1 Crónicas 9:1-10:14
Hechos 27:21-44
Salmo 8:1-9
Proverbios 18:23-24

11
1 Crónicas 11:1-12:18
Hechos 28:1-31
Salmo 9:1-12
Proverbios 19:1-3

12
1 Crónicas 12:19-14:17
Romanos 1:1-17
Salmo 9:13-20
Proverbios 19:4-5

13
1 Crónicas 15:1-16:36
Romanos 1:18-32
Salmo 10:1-15
Proverbios 19:6-7

14
1 Crónicas 16:37-18:17
Romanos 2:1-24
Salmo 10:16-18
Proverbios 19:8-9

15
1 Crónicas 19:1-21:30
Romanos 2:25-3:8
Salmo 11:1-7
Proverbios 19:10-12

16
1 Crónicas 22:1-23:32
Romanos 3:9-31
Salmo 12:1-8
Proverbios 19:13-14

17
1 Crónicas 24:1-26:11
Romanos 4:1-12
Salmo 13:1-6
Proverbios 19:15-16

18
1 Crónicas 26:12-27:34
Romanos 4:13-5:5
Salmo 14:1-7
Proverbios 19:17

19
1 Crónicas 28:1-29:30
Romanos 5:6-21
Salmo 15:1-5
Proverbios 19:18-19

20
2 Crónicas 1:1-3:17
Romanos 6:1-23
Salmo 16:1-11
Proverbios 19:20-21

21
2 Crónicas 4:1-6:11
Romanos 7:1-13
Salmo 17:1-15
Proverbios 19:22-23

22
2 Crónicas 6:12-8:10
Romanos 7:14-8:8
Salmo 18:1-15
Proverbios 19:24-25

23
2 Crónicas 8:11-10:19
Romanos 8:9-25
Salmo 18:16-36
Proverbios 19:26

24
2 Crónicas 11:1-13:22
Romanos 8:26-39
Salmo 18:37-50
Proverbios 19:27-29

25
2 Crónicas 14:1-16:14
Romanos 9:1-24
Salmo 19:1-14
Proverbios 20:1

26
2 Crónicas 17:1-18:34
Romanos 9:25-10:13
Salmo 20:1-9
Proverbios 20:2-3

27
2 Crónicas 19:1-20:37
Romanos 10:14-11:12
Salmo 21:1-13
Proverbios 20:4-6

28
2 Crónicas 21:1-23:21
Romanos 11:13-36
Salmo 22:1-18
Proverbios 20:7

29
2 Crónicas 24:1-25:28
Romanos 12:1-21
Salmo 22:19-31
Proverbios 20:8-10

30
2 Crónicas 26:1-28:27
Romanos 13:1-14
Salmo 23:1-6
Proverbios 20:11

31
2 Crónicas 29:1-36
Romanos 14:1-23
Salmo 24:1-10
Proverbios 20:12

AGOSTO

01
2 Crónicas 30:1-31:21
Romanos 15:1-22
Salmo 25:1-15
Proverbios 20:13-15

02
2 Crónicas 32:1-33:13
Romanos 15:23-16:9
Salmo 25:16-22
Proverbios 20:16-18

03
2 Crónicas 33:14-34:33
Romanos 16:10-27
Salmo 26:1-12
Proverbios 20:19

04
2 Crónicas 35:1-36:23
1 Corintios 1:1-17
Salmo 27:1-6
Proverbios 20:20-21

05
Esdras 1:1-2:70
1 Corintios 1:18-2:5
Salmo 27:7-14
Proverbios 20:22-23

06
Esdras 3:1-4:23
1 Corintios 2:6-3:4
Salmo 28:1-9
Proverbios 20:24-25

07
Esdras 4:24-6:22
1 Corintios 3:5-23
Salmo 29:1-11
Proverbios 20:26-27

08
Esdras 7:1-8:20
1 Corintios 4:1-21
Salmo 30:1-12
Proverbios 20:28-30

09
Esdras 8:21-9:15
1 Corintios 5:1-13
Salmo 31:1-8
Proverbios 21:1-2

10
Esdras 10:1-44
1 Corintios 6:1-20
Salmo 31:9-18
Proverbios 21:3

11
Nehemías 1:1-3:14
1 Corintios 7:1-24
Salmo 31:19-24
Proverbios 21:4

12
Nehemías 3:15-5:13
1 Corintios 7:25-40
Salmo 32:1-11
Proverbios 21:5-7

13
Nehemías 5:14-7:73
1 Corintios 8:1-13
Salmo 33:1-11
Proverbios 21:8-10

14
Nehemías 7:73-9:21
1 Corintios 9:1-18
Salmo 33:12-22
Proverbios 21:11-12

15
Nehemías 9:22-10:39
1 Corintios 9:19-10:13
Salmo 34:1-10
Proverbios 21:13

16
Nehemías 11:1-12:26
1 Corintios 10:14-33
Salmo 34:11-22
Proverbios 21:14-16

17
Nehemías 12:27-13:31
1 Corintios 11:1-16
Salmo 35:1-16
Proverbios 21:17-18

18
Ester 1:1-3:15
1 Corintios 11:17-34
Salmo 35:17-28
Proverbios 21:19-20

19
Ester 4:1-7:10
1 Corintios 12:1-26
Salmo 36:1-12
Proverbios 21:21-22

20
Ester 8:1-10:3
1 Corintios 12:27-13:13
Salmo 37:1-11
Proverbios 21:23-24

21
Job 1:1-3:26
1 Corintios 14:1-17
Salmo 37:12-29
Proverbios 21:25-26

22
Job 4:1-7:21
1 Corintios 14:18-40
Salmo 37:30-40
Proverbios 21:27

23
Job 8:1-11:20
1 Corintios 15:1-28
Salmo 38:1-22
Proverbios 21:28-29

24
Job 12:1-15:35
1 Corintios 15:29-58
Salmo 39:1-13
Proverbios 21:30-31

25
Job 16:1-19:29
1 Corintios 16:1-24
Salmo 40:1-10
Proverbios 22:1

26
Job 20:1-22:30
2 Corintios 1:1-11
Salmo 40:11-17
Proverbios 22:2-4

27
Job 23:1-27:23
2 Corintios 1:12-2:11
Salmo 41:1-13
Proverbios 22:5-6

28
Job 28:1-30:31
2 Corintios 2:12-17
Salmo 42:1-11
Proverbios 22:7

29
Job 31:1-33:33
2 Corintios 3:1-18
Salmo 43:1-5
Proverbios 22:8-9

30
Job 34:1-36:33
2 Corintios 4:1-12
Salmo 44:1-8
Proverbios 22:10-12

31
Job 37:1-39:30
2 Corintios 4:13-5:10
Salmo 44:9-26
Proverbios 22:13

SEPTIEMBRE

01
Job 40:1-42:17
2 Corintios 5:11-21
Salmo 45:1-17
Proverbios 22:14

02
Eclesiastés 1:1-3:22
2 Corintios 6:1-13
Salmo 46:1-11
Proverbios 22:15

03
Eclesiastés 4:1-6:12
2 Corintios 6:14-7:7
Salmo 47:1-9
Proverbios 22:16

04
Eclesiastés 7:1-9:18
2 Corintios 7:8-16
Salmo 48:1-14
Proverbios 22:17-19

05
Eclesiastés 10:1-12:14
2 Corintios 8:1-15
Salmo 49:1-20
Proverbios 22:20-21

06
Cantares 1:1-4:16
2 Corintios 8:16-24
Salmo 50:1-23
Proverbios 22:22-23

07
Cantares 5:1-8:14
2 Corintios 9:1-15
Salmo 51:1-19
Proverbios 22:24-25

08
Isaías 1:1-2:22
2 Corintios 10:1-18
Salmo 52:1-9
Proverbios 22:26-27

09
Isaías 3:1-5:30
2 Corintios 11:1-15
Salmo 53:1-6
Proverbios 22:28-29

10
Isaías 6:1-7:25
2 Corintios 11:16-33
Salmo 54:1-7
Proverbios 23:1-3

11
Isaías 8:1-9:21
2 Corintios 12:1-10
Salmo 55:1-23
Proverbios 23:4-5

12
Isaías 10:1-11:16
2 Corintios 12:11-21
Salmo 56:1-13
Proverbios 23:6-8

13
Isaías 12:1-14:32
2 Corintios 13:1-14
Salmo 57:1-11
Proverbios 23:9-11

14
Isaías 15:1-18:7
Gálatas 1:1-24
Salmo 58:1-11
Proverbios 23:12

15
Isaías 19:1-21:17
Gálatas 2:1-16
Salmo 59:1-17
Proverbios 23:13-14

16
Isaías 22:1-24:23
Gálatas 2:17-3:9
Salmo 60:1-12
Proverbios 23:15-16

17
Isaías 25:1-28:13
Gálatas 3:10-22
Salmo 61:1-8
Proverbios 23:17-18

18
Isaías 28:14-30:11
Gálatas 3:23-4:31
Salmo 62:1-12
Proverbios 23:19-21

19
Isaías 30:12-33:9
Gálatas 5:1-12
Salmo 63:1-11
Proverbios 23:22

20
Isaías 33:10-36:22
Gálatas 5:13-26
Salmo 64:1-10
Proverbios 23:23

21
Isaías 37:1-38:22
Gálatas 6:1-18
Salmo 65:1-13
Proverbios 23:24

22
Isaías 39:1-41:16
Efesios 1:1-23
Salmo 66:1-20
Proverbios 23:25-28

23
Isaías 41:17-43:13
Efesios 2:1-22
Salmo 67:1-7
Proverbios 23:29-35

24
Isaías 43:14-45:10
Efesios 3:1-21
Salmo 68:1-18
Proverbios 24:1-2

25
Isaías 45:11-48:11
Efesios 4:1-16
Salmo 68:19-35
Proverbios 24:3-4

26
Isaías 48:12-50:11
Efesios 4:17-32
Salmo 69:1-18
Proverbios 24:5-6

27
Isaías 51:1-53:12
Efesios 5:1-33
Salmo 69:19-36
Proverbios 24:7

28
Isaías 54:1-57:14
Efesios 6:1-24
Salmo 70:1-5
Proverbios 24:8

29
Isaías 57:15-59:21
Filipenses 1:1-26
Salmo 71:1-24
Proverbios 24:9-10

30
Isaías 60:1-62:5
Filipenses 1:27-2:18
Salmo 72:1-20
Proverbios 24:11-12

OCTUBRE

01
Isaías 62:6-65:25
Filipenses 2:19-3:3
Salmo 73:1-28
Proverbios 24:13-14

02
Isaías 66:1-24
Filipenses 3:4-21
Salmo 74:1-23
Proverbios 24:15-16

03
Jeremías 1:1-2:30
Filipenses 4:1-23
Salmo 75:1-10
Proverbios 24:17-20

04
Jeremías 2:31-4:18
Colosenses 1:1-17
Salmo 76:1-12
Proverbios 24:21-22

05
Jeremías 4:19-6:15
Colosenses 1:18-2:7
Salmo 77:1-20
Proverbios 24:23-25

06
Jeremías 6:16-8:7
Colosenses 2:8-23
Salmo 78:1-31
Proverbios 24:26

07
Jeremías 8:8-9:26
Colosenses 3:1-17
Salmo 78:32-55
Proverbios 24:27

08
Jeremías 10:1-11:23
Colosenses 3:18-4:18
Salmo 78:56-72
Proverbios 24:28-29

09
Jeremías 12:1-14:10
1 Tesalonicenses 1:1-2:8
Salmo 79:1-13
Proverbios 24:30-34

10
Jeremías 14:11-16:15
1 Tesalonicenses 2:9-3:13
Salmo 80:1-19
Proverbios 25:1-5

11
Jeremías 16:16-18:23
1 Tesalonicenses 4:1-5:3
Salmo 81:1-16
Proverbios 25:6-8

12
Jeremías 19:1-21:14
1 Tesalonicenses 5:4-28
Salmo 82:1-8
Proverbios 25:9-10

13
Jeremías 22:1-23:20
2 Tesalonicenses 1:1-12
Salmo 83:1-18
Proverbios 25:11-14

14
Jeremías 23:21-25:38
2 Tesalonicenses 2:1-17
Salmo 84:1-12
Proverbios 25:15

15
Jeremías 26:1-27
2 Tesalonicenses 3:1-18
Salmo 85:1-13
Proverbios 25:16

16
Jeremías 28:1-29:32
1 Timoteo 1:1-20
Salmo 86:1-17
Proverbios 25:17

17
Jeremías 30:1-31:26
1 Timoteo 2:1-15
Salmo 87:1-7
Proverbios 25:18-19

18
Jeremías 31:27-32:44
1 Timoteo 3:1-16
Salmo 88:1-18
Proverbios 25:20-22

19
Jeremías 33:1-34:22
1 Timoteo 4:1-16
Salmo 89:1-13
Proverbios 25:23-24

20
Jeremías 35:1-36:32
1 Timoteo 5:1-25
Salmo 89:14-37
Proverbios 25:25-27

21
Jeremías 37:1-38:28
1 Timoteo 6:1-21
Salmo 89:38-52
Proverbios 25:28

22
Jeremías 39:1-41:18
2 Timoteo 1:1-18
Salmo 90:1-91:16
Proverbios 26:1-2

23
Jeremías 42:1-44:23
2 Timoteo 2:1-21
Salmo 92:1-93
Proverbios 26:3-5

24
Jeremías 44:24-47:7
2 Timoteo 2:22-3:17
Salmo 94:1-23
Proverbios 26:6-8

25
Jeremías 48:1-49:22
2 Timoteo 4:1-22
Salmo 95:1-96:13
Proverbios 26:9-12

26
Jeremías 49:23-50:46
Tito 1:1-16
Salmo 97:1-98:9
Proverbios 26:13-16

27
Jeremías 51:1-53
Tito 2:1-15
Salmo 99:1-9
Proverbios 26:17

28
Jeremías 51:54-52:34
Tito 3:1-15
Salmo 100:1-5
Proverbios 26:18-19

29
Lamentaciones 1:1-2:22
Filemón 1:1-25
Salmo 101:1-8
Proverbios 26:20

30
Lamentaciones 3:1-66
Hebreos 1:1-14
Salmo 102:1-28
Proverbios 26:21-22

31
Lamentaciones 4:1-5:22
Hebreos 2:1-18
Salmo 103:1-22
Proverbios 26:23

NOVIEMBRE

01
Ezequiel 1:1-3:15
Hebreos 3:1-19
Salmo 104:1-23
Proverbios 26:24-26

02
Ezequiel 3:16-6:14
Hebreos 4:1-16
Salmo 104:24-35
Proverbios 26:27

03
Ezequiel 7:1-9:11
Hebreos 5:1-14
Salmo 105:1-15
Proverbios 26:28

04
Ezequiel 10:1-11:25
Hebreos 6:1-20
Salmo 105:16-36
Proverbios 27:1-2

05
Ezequiel 12:1-14:11
Hebreos 7:1-17
Salmo 105:37-45
Proverbios 27:3

06
Ezequiel 14:12-16:41
Hebreos 7:18-28
Salmo 106:1-12
Proverbios 27:4-6

07
Ezequiel 16:42-17:24
Hebreos 8:1-13
Salmo 106:13-31
Proverbios 27:7-9

08
Ezequiel 18:1-19:14
Hebreos 9:1-10
Salmo 106:32-48
Proverbios 27:10

09
Ezequiel 20:1-49
Hebreos 9:11-28
Salmo 107:1-43
Proverbios 27:11

10
Ezequiel 21:1-22:31
Hebreos 10:1-17
Salmo 108:1-13
Proverbios 27:12

11
Ezequiel 23:1-49
Hebreos 10:18-39
Salmo 109:1-31
Proverbios 27:13

12
Ezequiel 24:1-26:21
Hebreos 11:1-16
Salmo 110:1-7
Proverbios 27:14

13
Ezequiel 27:1-28:26
Hebreos 11:17-31
Salmo 111:1-10
Proverbios 27:15-16

14
Ezequiel 29:1-30:26
Hebreos 11:32-12:13
Salmo 112:1-10
Proverbios 27:17

15
Ezequiel 31:1-32:32
Hebreos 12:14-29
Salmo 113:1-114:8
Proverbios 27:18-20

16
Ezequiel 33:1-34:31
Hebreos 13:1-25
Salmo 115:1-18
Proverbios 27:21-22

17
Ezequiel 35:1-36:38
Santiago 1:1-18
Salmo 116:1-19
Proverbios 27:23-27

18
Ezequiel 37:1-38:23
Santiago 1:19-2:17
Salmo 117:1-2
Proverbios 28:1

19
Ezequiel 39:1-40:27
Santiago 2:18-3:18
Salmo 118:1-18
Proverbios 28:2

20
Ezequiel 40:28-41:26
Santiago 4:1-17
Salmo 118:19-29
Proverbios 28:3-5

21
Ezequiel 42:1-43:27
Santiago 5:1-20
Salmo 119:1-16
Proverbios 28:6-7

22
Ezequiel 44:1-45:12
1 Pedro 1:1-12
Salmo 119:17-32
Proverbios 28:8-10

23
Ezequiel 45:13-46:24
1 Pedro 1:13-2:10
Salmo 119:33-48
Proverbios 28:11

24
Ezequiel 47:1-48:35
1 Pedro 2:11-3:7
Salmo 119:49-64
Proverbios 28:12-13

25
Daniel 1:1-2:23
1 Pedro 3:8-4:6
Salmo 119:65-80
Proverbios 28:14

26
Daniel 2:24-3:30
1 Pedro 4:7-5:14
Salmo 119:81-96
Proverbios 28:15-16

27
Daniel 4:1-37
2 Pedro 1:1-21
Salmo 119:97-112
Proverbios 28:17-18

28
Daniel 5:1-31
2 Pedro 2:1-22
Salmo 119:113-128
Proverbios 28:19-20

29
Daniel 6:1-28
2 Pedro 3:1-18
Salmo 119:129-152
Proverbios 28:21-22

30
Daniel 7:1-28
1 Juan 1:1-10
Salmo 119:153-176
Proverbios 28:23-24

DICIEMBRE

01
Daniel 8:1-27
1 Juan 2:1-17
Salmo 120:1-7
Proverbios 28:25-26

02
Daniel 9:1-11:1
1 Juan 2:18-3:6
Salmo 121:1-8
Proverbios 28:27-28

03
Daniel 11:2-35
1 Juan 3:7-24
Salmo 122:1-9
Proverbios 29:1

04
Daniel 11:36-12:13
1 Juan 4:1-21
Salmo 123:1-4
Proverbios 29:2-4

05
Oseas 1:1-3:5
1 Juan 5:1-21
Salmo 124:1-8
Proverbios 29:5-8

06
Oseas 4:1-5:15
2 Juan 1:1-13
Salmo 125:1-5
Proverbios 29:9-11

07
Oseas 6:1-9:17
3 Juan 1:1-15
Salmo 126:1-6
Proverbios 29:12-14

08
Oseas 10:1-14:9
Judas 1:1-25
Salmo 127:1-5
Proverbios 29:15-17

09
Joel 1:1-3:21
Apocalipsis 1:1-20
Salmo 128:1-6
Proverbios 29:18

10
Amós 1:1-3:15
Apocalipsis 2:1-17
Salmo 129:1-8
Proverbios 29:19-20

11
Amós 4:1-6:14
Apocalipsis 2:18-3:6
Salmo 130:1-8
Proverbios 29:21-22

12
Amós 7:1-9:15
Apocalipsis 3:7-22
Salmo 131:1-3
Proverbios 29:23

13
Abdías 1:1-21
Apocalipsis 4:1-11
Salmo 132:1-18
Proverbios 29:24-25

14
Jonás 1:1-4:11
Apocalipsis 5:1-14
Salmo 133:1-3
Proverbios 29:26-27

15
Miqueas 1:1-4:13
Apocalipsis 6:1-17
Salmo 134:1-3
Proverbios 30:1-4

16
Miqueas 5:1-7:20
Apocalipsis 7:1-17
Salmo 135:1-21
Proverbios 30:5-6

17
Nahúm 1:1-3:19
Apocalipsis 8:1-13
Salmo 136:1-26
Proverbios 30:7-9

18
Habacuc 1:1-3:19
Apocalipsis 9:1-21
Salmo 137:1-9
Proverbios 30:10

19
Sofonías 1:1-3:20
Apocalipsis 10:1-11
Salmo 138:1-8
Proverbios 30:11-14

20
Hageo 1:1-2:23
Apocalipsis 11:1-19
Salmo 139:1-24
Proverbios 30:15-16

21
Zacarías 1:1-21
Apocalipsis 12:1-17
Salmo 140:1-13
Proverbios 30:17

22
Zacarías 2:1-3:10
Apocalipsis 13:1-13:18
Salmo 141:1-10
Proverbios 30:18-20

23
Zacarías 4:1-5:11
Apocalipsis 14:1-20
Salmo 142:1-7
Proverbios 30:21-23

24
Zacarías 6:1-7:14
Apocalipsis 15:1-8
Salmo 143:1-12
Proverbios 30:24-28

25
Zacarías 8:1-23
Apocalipsis 16:1-21
Salmo 144:1-15
Proverbios 30:29-31

26
Zacarías 9:1-17
Apocalipsis 17:1-18
Salmo 145:1-21
Proverbios 30:32

27
Zacarías 10:1-11:17
Apocalipsis 18:1-24
Salmo 146:1-10
Proverbios 30:33

28
Zacarías 12:1-13:9
Apocalipsis 19:1-21
Salmo 147:1-20
Proverbios 31:1-7

29
Zacarías 14:1-21
Apocalipsis 20:1-15
Salmo 148:1-14
Proverbios 31:8-9

30
Malaquías 1:1-2:17
Apocalipsis 21:1-27
Salmo 149:1-9
Proverbios 31:10-24

31
Malaquías 3:1-4:6
Apocalipsis 22:1-21
Salmo 150:1-6
Proverbios 31:25-31

PREGUNTAS DE CARÁCTER

Las preguntas de rendición de cuentas pueden ser muy útiles a la hora de desarrollar un carácter a la semejanza de Cristo. En la semana cinco vimos una lista de preguntas que Wesley, Whitefield y otros utilizaban en su época del «Club Santo» en Oxford. A continuación tienes varias preguntas diversos ministerios en la actualidad para la rendición de cuentas personal y en grupo. Puedes utilizar estas preguntas o crear las tuyas propias.

Ministerios Man in the Mirror (preguntas seleccionadas)
- ¿Has leído la Palabra de Dios a diario?
- ¿Puedes describir tus oraciones?
- ¿Cómo está cambiando tu relación con Cristo?
- ¿Qué tentaciones has tenido esta semana? ¿Cómo has respondido?
- ¿Tienes algún pecado por confesar en tu vida?
- ¿Estás caminando junto al Espíritu Santo?
- ¿Adoraste en la iglesia esta semana?
- ¿Has compartido tu fe?
- ¿Cómo van las cosas con tu esposa, tus hijos y tu economía?
- ¿Cómo van las cosas en el trabajo?
- ¿Sientes que estás en el centro de la voluntad de Dios?
- ¿Qué conflictos tienes en tus pensamientos?
- ¿Tienes tus prioridades en orden?
- ¿Se corresponden tu yo «visible» y tu yo «real»?

Chuck Swindoll (del libro de Chuck Colson, «*El cuerpo*»)
- ¿Has estado con alguna mujer esta última semana en una situación que pudiera considerarse comprometedora?
- ¿Alguna de tus gestiones financieras ha carecido de integridad?
- ¿Te has expuesto a algún tipo de material sexualmente explícito?
- ¿Has dedicado el tiempo que es debido al estudio de la Biblia y la oración?
- ¿Le has dado prioridad a pasar tiempo con tu familia?
- ¿Has cumplido con los mandatos de tu llamada?
- ¿Me acabas de mentir?

Neil Cole (citado en el artículo de Ed Stetzer "*Preguntas de rendición de cuentas*», The Exchange)
- ¿Cómo se encuentra tu alma?
- ¿Qué pecado necesitas confesar?
- ¿A qué te aferras que necesitas rendir a Dios?
- ¿Hay algo que haya disminuido tu fervor por Cristo?
- ¿Con quién has hablado de Cristo esta semana?

40 VERSÍCULOS EXCEPCIONALES PARA MEMORIZAR

DIOS PADRE

Génesis 1,1

Isaías 40,28

Salmo 8,1

Salmo 147,5

Salmo 24,1-2

ORACIÓN

1 Tesalonicenses 5,18

Salmo 19,14

Filipenses 4,6-7

Jeremías 33,3

VIDA CRISTIANA

2 Corintios 4,18

Salmos 37,4-5

Proverbios 3,5-6

Colosenses 3,23

1 Juan 4,7-8

Gálatas 5,22-23

Isaías 40,31

JESÚS

Colosenses 1,15-18

Hebreos 4,14-16 2

Corintios 5,17

Hebreos 1,3

Marcos 10,45

TENTACIÓN/CONFESIÓN

1 Corintios 10,13

Salmos 66,18

1 Juan 1,9

Hebreos 4,16

1 Pedro 5,8

1 Juan 2,15-16

ESCRITURAS

2 Timoteo 3,16

Santiago 1,22

Salmo 119,105

Salmo 119,9;11

SEGURIDAD

1 Juan 5,11-12

Romanos 8,28

Romanos 8,38-39

Mateo 11,28-30

PERDÓN

2 Tesalonicenses 3,3

Hebreos 4,15

Colosenses 3,13

Mateo 6,14-15

Efesios 4,31-32

disciple**FIRST**

Para conocer otros recursos y materiales de
Craig Etheredge, visita:

www.discipleFirst.com

www.ingramcontent.com/pod-product-compliance
Lightning Source LLC
Chambersburg PA
CBHW080606090426
42735CB00017B/3350